女人要懂一点交际心理学

夏沫◎编著

煤炭工业出版社
·北　　京·

图书在版编目（CIP）数据

女人要懂一点交际心理学／夏沫编著．－－北京：煤炭工业出版社，2014（2017.3重印）

ISBN 978－7－5020－4621－7

Ⅰ．①女…　Ⅱ．①夏…　Ⅲ．①女性—心理交往—通俗读物　Ⅳ．①C912．1－49

中国版本图书馆 CIP 数据核字(2014)第 206280 号

煤炭工业出版社　出版
（北京市朝阳区芍药居 35 号　100029）
网址：www. cciph. com. cn
北京毅峰迅捷印刷有限公司　印刷
新华书店北京发行所　发行
*
开本 880mm × 1230mm 1/32　　印张 8
字数 134 千字
2014年12月第1版　　2017年3月第2次印刷
社内编号 7476　　定价 29.80 元

前　言

preface

一个人的成长、成功都是在与人交往的环境中完成的，甚至一个人的喜怒哀乐也和他的人际关系息息相关。在现实生活中，人们发现，有些女人很有才华和能力，长得也非常漂亮，但是她的事业却不如意。有些女人资质平平，却有着“女子不输儿男”的成功。有人将这两者的差别归结为命运，其实不然——是社交能力决定了女人的命运。

成功学大师卡耐基经过长期研究得出结论说：“专业知识在一个人成功中的作用只占 15%，而其余的 85% 则取决于人际关系。”现实告诉我们，你无论从事什么职业或专业，只要学会处理人际关系，你就在成功路上走了 85% 的路程，在个人幸福的路上走了 99% 的路程。

现实中，一个没有良好人际关系的女人，即使有知识、有技能，恐怕也得不到施展的空间。无数的事实一再证明了，拥有良好的人际关系胜于专业本领。所以聪明的女人会知道，从一进入社会的那一刻起人际关系就是不可或缺的了。

美国石油大王约翰·洛克菲勒说："我愿意付出比天底下得到其他本领更大的代价去获得与人相处的本领。"所以，聪明的人时时处处注意经营人际关系，成功的事桩桩件件依靠良好的人际关系。

会社交就有力量，会社交就有竞争力。在知识经济时代，如果想要成功，就必须营造一个成功的人际关系网络。没有它，只能是一分耕耘，一分收获。拥有它，可能会是一分耕耘，数倍收获。一个能善于经营人际关系的女人，最后才能依靠良好的人际关系开创事业的舞台，展现女性风采。

对于现代女人而言，学会恰当社交已是必修课，也是成功的基础。所有成功的人，都视良好的人际关系为最宝贵的财富，并且予以高效地运用。对于女性来说，如何维系这种关系，如何高效运用，是决定其幸福指数的关键。这是一本"属于女人的、根据女人写的、为了女人而写的书"。本书作者以冷眼洞悉世情，以慧心指点迷津，告诉你如何洞察人心、拓展人际关系以及拥有和谐的人际关系，你才能获取幸福的生活、立于不败之地。

目录
contents

第三章　注重外在形象，赢得别人的尊重

第四章　做个嘴甜的女人，好人缘是说出来的

第五章　女人要有眼力，看清谁能成为你的朋友

第六章 人际关系没有空间限制，主动拓展你的人际关系

第七章 遵守交往规则，不要踩到人际的雷区

第八章 交际有分寸，聪明的女人心里有谱

第九章　借用榜样的智慧，做一个不一样的女人

第一章
良好的人际关系，聪明女人幸福一生的财富

在美国有这样一句流行语："一个人能否成功，不在于你知道什么，而在于你认识谁。"在中国有这样一句俗话，"在家靠父母，出门靠朋友"。两者不外乎都是在说，人要想获得成功，就离不开良好的人际关系。

有蓝颜知己是莫大的幸福

生活中，因世事纷扰，无论你是驰骋在社交圈里的白领丽人，还是相夫教子的家庭主妇，女人都需要有这样一个人：在烦恼时，听你诉说心曲；在开心时，和你分享快乐；在失意时，鼓励你振作——这个人会是谁呢？是老公吗？他可能爱你但却不一定懂你！是闺密吗？她可能懂你但不一定能包容你！这个人就是我们所说的蓝颜知己。

也许你会说，为什么是蓝颜知己呢？这些事情，同性的女朋友也可以为我们做到。你说得不错，生活中，我们是需要有要好的女性朋友，但这样的男性朋友也是不可缺少的。因为男女性别的差异，解决同样的问题他们会有不同的出发点，不同的侧重面，所以也会有不同的结果。

女人在成年之后要承受来自多重角色的压力，比如个人生活上的繁杂，工作竞争中的压力，家务事情的烦琐，心理上的压抑。而这时蓝颜知己才是女人最忠实的听众。你可以把这一切都告诉他，而他却不会像女性朋友那样因为你的诉说，而牵扯到自己，也开始了向你诉说，最后两人越说越激动，心情更是难以平静。蓝颜知己知道你只是需要倾诉，只要静静地听就行了。

32岁的春慕女士是一名自由撰稿人，讲起蓝颜知己，她这样说：老钟是我的发小，我认识他比认识我老公要早20年。我们曾住在同一条弄堂里，穿着开档裤一起长大。少年时，他暗恋的对象不是我，是我的小姐妹，我替他传过纸条，也在他伤心欲绝时出过谋划过策。当我们都成了大龄青年时，长辈瞅着两个人一直走得比较近乎，也动过脑筋要肥水不流外人田地进行撮合，可惜他无心我无意，反倒是弄得大家感觉怪兮兮的。

再后来，两人都彼此成了家，对于同是独生子女的我们来说，相互间的感情变得亦兄亦友起来。我们不常见面，但常网上和电话里联络，老钟会时常跟我贫贫嘴，给我些持家理财方面的建议，也会在我和先生争吵的时候“主持公道”，我在无助的时候会想到他，而且我知道他一定会毫不犹豫地拔刀相助。我对他有种家人亲友般的依赖感，但这种依赖感同“爱情”、“占有”、“暧昧”、“欲望”等字眼毫无关系，更多的只是一种精神上的守望相助吧。我现在想一下老钟，也许可以用“温暖”两个字来形容此时心里的感觉吧。

每个人的内心都有一个属于自己的角落。那里可能有儿时没有实现的梦想，也可能有生活中无时不在的困扰，而唯有蓝颜知己才能真正地走进你的内心，解读你的失意，明白你的困惑，更懂得你的渴望。是的，一个蓝颜知己给你的感觉就是温暖。

他懂你包容你，但并不爱你。他是你的侠义绅士，也是你的超级“闺密”，你们之间永远有说不完的话题，却从来不会有爱情的火花飞溅。只比爱情少一点，只比友情多一点，你和他在一起，肝胆相照，谈理想、谈未来、谈工作、谈惊喜、谈苦恼、谈八卦、谈流行、谈古谈今、谈天谈地，什么都谈，就是不谈恋爱。

如果女人能拥有一个蓝颜知己，真是一种莫大的幸福。可是，现实生活中却不是每个女人都拥有蓝颜知己的，而能做蓝颜知己的男人，必是男人中的极品。

蓝颜知己的完美，让他看起来是那么可遇不可求，他的口袋里应该资金充裕，不用担心话费太贵。他要成熟稳重，能够阅尽世事繁杂，懂得与别人分享幸福与排解苦难。他还要有广博的知识，有很好的沟通理解能力，善于倾听和包容。更重要的是，他要心无杂念地面对一个女人，像兄弟一样面对一个熟悉的女人，固若金汤地守着感情城池，这就需要他有很好的品性修养和道德约束。

交际箴言

一个好的蓝颜知己是可遇而不可求的。但是，只要你有一双慧眼，善于发现，善于把握与男人相处的分寸，足够聪明，也许某一天，你就会发现那个适合做你蓝颜知己的男人。

闺中密友是缓解伤痛的良药

对于一个女人来说，世间最美好的事，莫过于有亲如姐妹的好友，这种朋友，有一个温暖的名字，叫做“闺中密友”。若说蓝颜知已是女人生命中的一笔财富，那么女性朋友就是创可贴。我们知道拥有这笔财富能使生活过得更滋润，但没有也能活。而生活中，我们难免会有磕磕碰碰的时候，创可贴则成了生活中的必备品，她可以随时帮你缓解伤痛。所以，在女人的一生中一定要随时预备几张“创可贴”。

有了那种亲密无间的女性朋友，在你受到委屈、误解、伤心时，她会耐心地倾听你的苦恼，给你以安慰。在你遇到困难、经受痛苦、需要帮助时，她会无私伸出双手，给你帮助。交了这样的女性朋友真是应该珍惜。

然而，生活中要交到如此相知的女性朋友确实不是一件易事。女人为女人的小气、狭隘所累。女人的小心眼在交女朋友上暴露得最充分，她们处处小心翼翼地维持自己的心理平衡，除非她们之间有相同的身世、共同的生存条件、地位和处境相似才会相处得轻松，无拘无束。她们认为，人只有在同一境遇中才会真正体谅别人，否则，所谓体谅只是一种居高临下的给予。

瑾的朋友极少，只有彦一个。彦曾笑瑾太懒，懒得连朋友都不多交几个。

“朋友这东西又费神又费时，有一个就行了，再说女人之间能互不相厌的本来就少，我就不奢求了，你算是我又老又少的朋友。”瑾说。

那时，她们经常找借口混到一起浪费掉一个下午，吃东西、美容、逛街、发呆，天黑前像完成任务一样，心满意足地各自回家。她们极少打电话，如果打，一定是遇到大问题了。

一次彦半夜打电话给瑾，说在大马路上坐着呢，问瑾想不想去看看她。瑾去了，在一家医院门口，彦抱着瑾说：“有个女孩为了我男朋友自杀，现在正在抢救……他在医院里面，让我在外边等他。”彦把事情说完了，情绪好了不少。瑾拍拍她，说别怕，我陪你等，然后取出一袋纸巾：“别哭了。女人哭起来一点也不好看，梨花带雨是骗人的。看你把星星都给哭没了，吓倒了花花草草也不好。再说，我这套衣服很贵啦，沾满了你的鼻涕和眼泪估计以后也没法穿了。”彦赖在瑾的胳膊上不肯抬头。后来说起这事瑾就让彦赔衣服。

瑾也半夜打电话骚扰过彦。那时她陷入情感的困境，无人知晓，连彦也不知道。一个伤心的人，在失眠的夜里很容易生出绝望的念头。瑾一个人坐着，哭都哭不出来，她想如果不给自己一个出口，自己会疯掉的，于是打电话给彦。听到彦声音的一刹那，瑾泪如泉涌，说不出话。彦在电话那端听着瑾哭，等瑾渐渐平息下来，然后问：“要我过去吗？”瑾说：“不要。”“那我明天去看你。”放下电话，瑾觉得自己虚弱之极，连伤心的力气也没有，还好，这个世界上还有肯倾听自己哭泣的人。

风暴只是暂时的，在大多数风平浪静的日子里，她们依然一起逛街、一起美容、一起发呆，消磨一个又一个周末的下午。

有时会聊起友谊的话题。“我不信有什么永恒的情感，不是对世界灰心，而是自己就没信心做到。时间啊，空间啊，人啊，都是会变的。”瑾说。彦晃着手里的可乐杯，白了瑾一眼：“或许是吧！天长地久到底能有多长久呢?”

她们一致认为，对女人来说，女性朋友没有男朋友重要。女性朋友是创可贴，缓解一下伤情，暂时起点作用还成，解决不了大问题。男朋友才是解药，所以一定要重色轻友，不能稀里糊涂把感情资源浪费了。不过女朋友需要常预备着，以免想用的时候找不到。

事实上，我们都知道“闺”，不单单指闺阁、闺女、闺房的“闺”，更是指一个女人在她漫长的一生中，只有同性之间才明白和理解的闺中情怀。女人在她的一生中，总会有那么一个或几个密友，哪怕她历尽铅华、子孙满堂，都不会妨碍她们的交往。

有一种闺中密友，来自童年或读书时代的同学、邻居，因为知彼知己，知根知底，她是你的知音，有时，甚至比你自己更了解自己。这样的密友，是你一生的影子，自己走得再远，她还会跟在你的身后。而另外一种是在你成长的过程中，或在你为事业拼搏的过程中，因为偶然的原因，相识相知的。我们对友谊的渴望与需要常常也如爱情一样，是可遇不可求的。

但是这样的朋友也并不一定就是长久的。慢慢地，你会发现，童年和读书时的密友，原来也会因为现实、世俗以及双方地位和收入的差异，而渐渐淡化到无。成长过程中的相识相知，也会因为工作、生存等各方面的原因而渐行渐远。

要想永远得到相处得很好的闺中密友，需有很好的品性修养，自私、小气、不喜欢成人之美、不喜欢闻人之誉的人，不可能长久地拥有好朋友。要想永远获得好朋友，就应该学习用正当的方法去赢得对方的信任。你希望别人对你怎样，你就应该怎样去对待别人。

交际箴言

有一定知识修养和精神追求的女性知道，女人成功不容易，要彼此鼓励，相互提携，用宽容的态度来对待女性朋友而使彼此之间得到同情与温暖，一起去创造美好的生活。

怀才不遇多是人际关系不好

世界上有这样一类女人，她们有着令人羡慕的天赋与才华，却总是在碌碌无为的工作中焦灼不安，他们就像千里马，却总遇不到真正赏识自己的伯乐，空有满腹经纶，只能无奈于“知音少，弦断有谁听”。

但，所谓可怜之人必有可气之处，怀才不遇的人多半都是因为自己的缘故。有时候转换一下思维，稍微放低一下身架，你的命运就会因此而改变。

大学生小 A 毕业后找到了一份工作，她非常珍惜这份工作。与她一起进公司的还有男生小 H，小 H 虽然能力也不错，但整天油嘴滑舌，经常和同事们说说笑笑，有时还一起出去吃吃喝喝。小 A 对小 H 很是不屑，在她看来，只要做好自己的工作就行了，别的都不重要。小 H 跟她开玩笑她也不搭理，小 H 拉她跟同事一起出去玩她也不去。有时，小 A 看见同事都围着小 H 玩闹，也都躲得远远的。有一天，小 A 的部门分配了大量任务，凭着个人的能力，根本没办法在规定时间内完成，可是小 H 却招呼同事们帮忙。同事们都在帮小 H 做，小 A 却一个人“孤军奋战”。结果小 H 按时完成了，小 A 虽然通宵达旦地工作，还是没能按时完成任务。后来，小 H 被提升为部门主管，小 A 非常不服气，由此负气辞职了。

辞职后，小 A 借助自己的能力很快进入了另一家实力相当不错的公司。这次，她吸取了上次的教训，告诫自己一定要当起“多面手”，不能只会埋头工作了。

在这家公司，和小 A 一起共事的还有一位刚刚毕业的小姐妹小 B。刚开始时，因为要熟悉业务，小 A 和小 B 工作起来都受到诸多限制。这时，一位老员工 C 给予了他们很大的关心，他常常客气地向她们介绍公司的情况，并教了她们很多工作上的事情。这使得刚刚被解雇重又新生的小 A 和初入职场的小 B 都很感动，她们觉得 C 很亲切也很平易近人，于是对他更加尊敬。

身在群体中，偏执和退避都是失败的种子，人在群体中生活要有棱角也要有必要的圆滑，坚持自我的同时也要学会放弃自我，这就是成功的开始。小 A 重获职业的新生，既是幸运的，也是聪明的。对照之前由于坚持自我，导致不合群，而后因时而化，从而取得了事业的成功。

其实，成功只要多一次微笑或是多一声改变就能够获得。生活中，很多事情你想置身事外只能无济于事，更是退缩的表现和招致祸端之始。表明自己的观点，成败任其自然。成功了固然光荣，但失败了也壮烈。一个中立者，只能在争斗中被当做活靶。

交际箴言

在相互平等的前提下，尊重每个人的个性，承认别人的创造成果，不做自以为是，唯我独尊的“另类”，刚柔并济，有张有弛，学会有艺术地坚守自己的原则。

第二章
用品格赢得良好人际关系，做社交场上的“明星”

一个女人的人格魅力能产生一种吸引力，会让身边的人产生敬佩，让自己在群体中获得景仰，让别人不由自主地喜欢你，接受你的观点和主张。女人若要有一个好的人际关系，就必须做好自己，展现出自己的人格魅力。

与人为善才能处处逢“缘”

美国成功学大师戴尔·卡耐基曾说过：“一个人要是对别人真心感兴趣，在两个月之内，他所得到的朋友，就能比一个总要求别人对他感兴趣的人在两年内所交的朋友还要多。”

李女士是上海一家女子休闲俱乐部的总经理，作为一个年仅37岁的女性，她在事业上是非常成功的，不过她常说：“我在人际交往上更成功。从某种角度来看，我的成功是人的成功而不是事的成功！”

三年前，李女士还是在市区租房经营一间形体教室，规模非常小，学员也很少。不过，从那时起她就意识到了人际关系的重要性，并开始注意培养。她刻意记住每位学员的生日、爱好、家庭情况，然后根据对方的情况来制订训练计划，尽管这样做会给自己增加很多麻烦……渐渐地，她的训练室越来越有名气了，学员们把自己的朋友、同事都介绍过来，并给她提出各种好的建议。一年后，李女士的形体训练室变成了健身俱乐部，而三年后的今天，健身俱乐部又变成了一个集健身、娱乐、休闲于一身的综合性的俱乐部，李女士的资产也超过了千万元。她的朋友遍布各行各业，良好的人缘已经成了她一笔难以估量的财富。

当你喜欢别人，主动关心别人的时候，别人也会喜欢你，愿意帮助你。对别人的关注越多，别人给你的回报也就越多。

有一位著名文学杂志的女主编曾这样对自己的部下说过："如果作者不喜欢别人，别人就不喜欢他的小说。"她这里指的不是别的，而是说一个作家如果不真心爱人，他就必然会把这种情绪带到他的小说中去，那么读者读了他的作品就会很反感。

所以卡耐基总是劝说每一个企图成功的人："要学会微笑。"中国人也常说："和气生财。"这无非是强调用一种宽容的态度紧紧地抓住你周围的那些人罢了。

威廉·詹姆士说过："人性最深切的秉性，是被人赏识的渴望。”所以，很多成功者都得出这样一个结论：一个想做大事的人，或者一个想做群体事业的人，或者一个想做领导的人，他最需要的才华不是他的业务能力，而是他“黏合人”的本领。美国商界年薪超过100万美元的人并不算多，查尔斯·史考伯是其中之一，他这样谈过他被器重的秘诀：

“我得到这个位子，主要是因为我跟人相处的本领。我认为，我能使员工鼓舞起来的能力，是我拥有的最大资产。而使员工发挥最大能力的办法，就是赞赏和鼓励他们。再也没有比上司的批评更能抹杀一个人的雄心了。我从来不批评任何人，我赞成鼓励别人工作……而讨厌挑错。

“我在世界各地见过很多大人物，不过还没发现任何人——不论他多么伟大，地位多么崇高——不是在被赞许的情况下，而是在被批评的情况下工作得更卖力、成绩更佳的。

“要想成功，你必须在肯定对方能力和品格的前提下，紧紧抓住你的合作者和你的下属，尤其是在事业最关键的时刻……”

在任何情况下，当人们对你有好感时，就会大力支持你，在你所做的一切正面工作上给你一个道德上的、

应得的好处。

从另一个角度来讲，与人为善的同时，也可以培养自己的实力。正如人们常说的："帮助别人往上爬的人，你一定也会爬得更高。"

美国的一个州，每年都举办玉米种子大赛。有一个农妇的成绩相当优异，经常是首奖及优等奖的得主。她在得奖之后，总会毫不吝惜地将得奖的种子分送给街坊邻居。

有一位邻居很诧异地问她："你的奖项得来不易，每季都看到你投入大量的时间和精力来做品种改良，为什么还这么慷慨地将种子送给我们呢？难道你不怕我们的玉米品种因而超越你吗？"

这位农妇回答："我将种子分送给大家，帮助大家，其实也就是帮助我自己！"

原来，这位农妇所居住的镇子是典型的农村，家家户户的田地都毗邻相连。农妇将得奖的种子分送给邻居，邻居们就能改良他们玉米的品种，也可以避免在风吹花粉传播的过程中，邻近的较差品种杂交自己的品种，这位农妇因此才能够专心致力于品种的改良。相反地，若农妇将得奖的种子私藏，则邻居们在玉米品种的改良方面势必无法跟上，在花粉传播过程中，她会因在防范外来花粉方面大费周折而疲于奔命。

就玉米种子大赛评比来看，这位农妇和他的邻居们是处于互相竞争的态势，然而在另一方面，双方却又处于微妙的合作状态。事实上，在当今世界，如此既竞争又合作的关系日益增多。所谓“赠人玫瑰，手有余香”，付出总会有回报。而，只顾着自己不肯帮助别人的人在社会上很难立足，女性尤其如此。

交际箴言

生活中你要尽可能把他人放在第一位，与人为善，这样对你的事业，对你的个人发展，都会有很大的帮助。

女强人没架子最亲和

做女人难，做女强人更难。

“她的能力是很不错，人也很漂亮，可是对人像冰山似的，冷得让人心里发憷？”

“她不就是能力强一点吗？那也没必要把别人贬得一无是处啊！”

“她跟所有的男人都有仇啊，为什么总是对我们一张‘后娘脸’，真是让人看了就怕的女人！”

……

我们不难听到人们这样去议论女强人。作为女强人，你要是端起了架子，就等于拿着一把锋利的“双刃剑”，在处理工作上的问题时，强硬的态度即会伤着别人也会伤着自己，更会给人际关系带来不必要的麻烦。

江兰是一家公司的部门经理，在公司之中，素有“冰山美人”之称，因为在她的意识之中，上司和下属之间应该保持一段距离，否则下属会利用你的温柔和仁慈，跟你没大没小，将很难管理，而且身为女性主管不严厉些，更容易被男性职员利用和欺负。

久而久之，她的下属一方面佩服她的冷静、干练，另一方面又十分讨厌她做事的冷硬和霸道，更是没有人敢在没有紧急事情的状况下，去敲她办公室的门，因为没有人喜欢被她的冷言冷语给冻伤。

一个新来的女孩，并不熟悉她的工作作风，在做完企划案后，兴冲冲地敲了她办公室的门，其结果是仅仅有些小瑕疵的企划案被她扔给了女孩，并说，没有成型的东西，没必要拿给她看，她的时间很宝贵，没有时间来收拾垃圾。

女孩哭着跑出了办公室。

结果，她的专制导致了部门内部的业绩下降，上面为她配了一个副职袁嘉。

新来的袁嘉用女性特有的温柔缓和着办公室冰冷的气氛，但是在工作上，她又处处跟江兰产生争论，让江兰感觉到自己的权威受到了威胁。

在一次加班中，袁嘉问她：“今天为什么要我们集体加班？”

她冷冷地说道：“没有为什么，我是主管，我叫你们加班就得加班，问那么多干什么？”经过几次这样的情形之后，袁嘉觉得在盛气凌人的江兰面前她无法开展工作，于是，她向上级反映了情况。

公司高层对于这种状况也早有察觉，因业绩明显下滑，江兰的能力也饱受质疑。无奈，江兰只好选择辞职离开了。

可见，在职场上即使是女强人也不是单打独斗的江湖侠客，而只是一个相互合作的团队的领导者，若盛气凌人、藐视一切，只会令自己陷入孤军奋战的境地。

苗姜由于工作出色，被上司提升为部门经理。上任的第一天，她趾高气扬地走进了办公室，开会时，她也是只顾自己发布命令，而不理下属所提的意见。

而在她上任一个月后，她发现几个下属本来在讨论事情，可是她一过去，他们立即变成了“静音器”。由于下属们不合作的态度，她的工作进行得十分艰难。

她意识到自己犯了一个严重的错误，管理者开展工作首先不应该是端架子，而是应该倾听他人所言，并且和蔼可亲、平易近人。

为了纠正错误，她做得第一件事就是：表明她的办公室大门随时都是敞开的。之后，她平和自己的心态，倾听下属说话，积极与他们交谈。很快，办公室的氛围融洽了各项工作计划也都在稳步推进。

“端架子、摆脸色”，绝对是女人在处理人际关系时的下下策，因为强硬的命令往往是缺乏能力的表现。“治人之策”应该是“晓知以理，动之以情”，只有用自己的人格魅力，而不是一味地依赖自己的权势。“得人心者得天下”，作为女人，不管有多成功，一副冷冰冰的面孔倒不如和颜悦色更令人佩服。你放下架子，赢得了人心，也就赢得了周围人的支持。

交际箴言

作为女强人，放下架子，温柔施政，你不但会得到良好的建议，实用的方案，更会赢得下属的信任与尊敬。

自信是征服他人的有力武器

现在世界已经进入了多元化的时代，女人不仅仅是舞会上光芒耀眼的名媛贵妇，也不仅仅是家中相夫教子的贤妻良母，更不仅仅是围着一家老小的饮食起居团团转的厨娘。她们根据自己的兴趣和能力已经大踏步地走上了社会，在各行各业中，自由地发挥着自己的才华，为自己的事业开疆辟土，而自信是女性在事业中乘风破浪最有利的武器！

雨晴是一个走到哪里就把快乐带到哪里的女孩，从学校到社会，每一处都被她的笑声铺得满满的，而跟她在一起的人也总会被她飞扬的神采所感染。

乐观的雨晴喜欢不断地挑战自我，而她的自信也确实让她度过了一个个难关。

毕业后，雨晴和好友佳佳进入了一家不错的广告公司，做广告策划。

雨晴每天踏着轻快的脚步走进公司，一身淡色系衣着的她时刻给人一种神清气爽的感觉，清脆的声音，连保洁阿姨都夸赞道：“瞧，这丫头真精神！”

到公司三个月后，雨晴被自己的主管招到办公室。主管示意雨情先坐下，递给她一份关于运动鞋的资料，然后对她说：“一家名牌运动鞋公司找我们作广告，他们希望我们能打破运动鞋广告的传统而做一个让人耳目一新的广告。从你进公司以来，我发现你的思路一直非常独特，怎么样，你想不想试试？”

雨晴听后不由得兴奋起来：“既然您这样高抬我，我有信心一试，可是我不知道您有什么样的条件？”

主管说：“时间是两个星期，你在这段时间内，可以运用各种方式搜集资料，进行创作，有什么工作上的需求可以随时向我提出来，当然你可以在咱们部里选一个合作人员，但不能是阿贺，因为他也要进行这个案子的创作。”

“明白了，那我现在可以着手准备了？”雨晴等到老板点头后，依然迈着轻快的步伐走出了办公室。

雨晴心里知道这次的任务并不轻，运动鞋的广告太多了，不用说NIKE、阿迪达斯、彪马那些名牌的经典广告了，光是中国那些本土名牌的明星广告就是铺天盖地的，想另辟蹊径是难上加难，而且这次还有一个强劲的对手……

但是回到自己座位，雨晴决定去找佳佳来帮自己的忙。

佳佳刚听完，就叫到："姐姐，你有没有搞错啊，这个案子是公司最棘手的，因为谁都知道那个公司很挑剔，而且这次你的对手是上次拿了大奖的阿贺，而且跟他合作的阿文是个材料高手，还有这次要打破传统——传统的运动鞋广告另类的、运动的、明星的、炫目的应有尽有，你才入行三个月，想被踢出公司也不能这样玩啊。"

雨晴冲她爽朗一笑："放心吧，有你的合作，我一定能成功的，这次我们还象以前一样亲密合作，你帮我找资料。"

佳佳有点无奈，但还是被雨晴的自信感染了。

在准备材料的过程中，雨晴发现，这个运动鞋毫无自己的特色，像许多大众品牌一样强调的只不过是轻盈、舒适。

佳佳不由得懊恼道："这家公司这么没特色，是不是不靠这个广告救命就得倒闭呀，再说你，逞什么能啊，现在咱们公司里一边倒，没人看好你，还有三天了，我真得有点坚持不下去了。"

雨晴的笑容依然是那么自信，她看着沮丧的佳佳说道：“坚持一下，我相信赢的就是我们。”

雨晴在电脑上打上第六个“平稳”的时候，忽然灵光一闪，“对，从‘平稳’入手！”她连忙对佳佳道：“既然他们强调平稳，为什么我们不从平稳下手，什么人最怕道路不平？”

佳佳兴奋地说道：“老人、儿童、残疾人和孕妇。”随即她又黯然道：“可是，这些人又不是主流消费群，你从哪里下手啊？”

“当然是孕妇了，试想一下，一个身怀六甲、大腹便便的孕妇可以穿这双鞋跟一个网球高手一叫高低，你看有没有人相信这鞋的平稳性？”

沮丧的佳佳立刻露出了笑脸。

在那个雨晴与阿贺一比高低的日子，幻灯片开放了，阿贺不愧是得过大奖的人，做出来的东西场面大气，而且运用了中国功夫的元素，令人大为赞赏。

而雨晴新颖独特、投入极低的设计，同样倍受青睐。

主管一时举棋不定，请教上级部门，而上级部门认为两人的创意，各有千秋，但是阿贺毕竟拿过大奖，于是选择了阿贺的创意。

雨晴得知这个消息，立刻去找主管，她对主管说：

"我认为我们的设计比阿贺的创意更为新颖独特，希望公司再考虑一下。"

主管告诉她上面已经决定了。但是她依然不死心，她坚定地对主管说："我们能不能跟上面协商一下，把两个广告文案一起给厂家看一下，由他们来抉择或许更公平一些？"

主管也被她的自信打动了，开始与上级部门协商，最后决定，两个创意的评判，由那家公司决断。

当然，那个结果如雨晴所料。

良好的自信就是成功的一半！当你具备胜任那份工作的实力的时候，你如果能像雨晴那样充满自信，你注定也会胜出的。

对于任何一个女人来讲，缺少了这件利器，就会失去运筹帷幄的那份从容镇定；缺少这件利器，她就会失去与人一较高下的勇气；缺少这件利器，她就会连自己嘴角上挂着的淡淡笑容都将失去。

试想一下，一个无精打采、顶着一副"苦瓜脸"走进办公室的女性，会给人带来什么样的印象？恐怕她的同事会时刻担心她的心理健康状态，而她的老板也不会再把重担交到她的手中。即使她的能力非常不错，可以轻易地完成那份工作，可是一个对自己已经失去信心的女人来说，绝对不能指望别人还能够时刻对她充满信心，委以重任。

事业本身就不是坦途，任何麻烦那些成功的女性也都曾遇见过，而且绝对比那些不自信的女性遇到的更多，可是她们靠着自己坚定的步伐还是寻找到了一条属于自己的路。

自信为女人套上了七彩的光环，也为女人套上了坚强的铠甲。在事业上，女人可以拥有笑容，也可以拥有泪水，只要这泪水不是苦难的开始，而是苦难结束的进行曲，那就不会代表自信远离你而去，而是长驻你的心中，成为你美丽人生的装扮。

交际箴言

女人可以没有天使的容貌，也可以没有魔鬼的身材，甚至还可以没有一颗非常聪明的头脑，但是你惟独不能缺少内心深处对自己的肯定。

猜疑是最可怕的交往障碍

古代有人丢了一把斧子，怀疑是他的邻居偷了。他有心观察，觉得邻居走路、说话、神态都象一个小偷。不久，他在自家地里找到了那把斧子，再观察邻居时，觉得他说话、走路、神态竟全然象个君子而非小偷。这就是著名的“疑人偷斧”的故事，面对同一个人为何这位丢斧者会做出前后两种截然不同的判断？这正是猜疑的结果。

不知道你是否曾有这样的体会：当几个同事聚在一块悄悄说话时，你会怀疑他们正在讲你的坏话；你告诉朋友一个秘密后，你会不停地想她是否会讲给别人听；上司说了公司发生的不好现象，你会怀疑是不是针对自己说的；一位同事近来对你的态度冷淡一些，你会觉得他可能对你有了看法……如果你有这些情况，那么可以说你的猜疑心较重。

生活中我们常会碰到一些猜疑心很重的人，他们总觉得别人在背后说自己坏话，或给自己使坏。有时我们自己也喜欢猜疑，看到别人说笑，便以为他们在议论自己，心里就不痛快。越想越认为是真的，陷入猜疑怪圈而无力自拔。喜欢猜疑的特别注意留心外界和别人对自己的态度，别人脱口而出的一句话很可能琢磨半天，努力发现其中的“潜台词”，这样便不能轻松自然地与人交往，久而久之不仅自己心情不好，也影响到人际关系。

刘丽是公司新来不久的员工，办公桌在小梅对面。

刘丽疑心病很重，总是怀疑别人在背后说她的坏话，时不时就问小梅有没有听到什么人说她什么坏话。小梅回答没有，事实也的确没有人在小梅面前说她什么，可她并不信，每天都要反复问好多遍。小梅心里烦，却又不好表露出来。

有一天，刘丽突然问小梅：“你是不是对我有什么看法？”

小梅被问得丈二和尚摸不着头脑，愣了片刻后赶紧摇头：“没有啊！”

“那你刚才为什么那么盯着我看呢？”

“什么时候盯了她一眼呢？”小梅根本毫无印象，即便真盯了，也肯定是无意识的。所以，小梅再三表示，自己对她没有看法。可刘丽就是不信："没有看法？那为什么我问你时你没有马上回答，而是愣了半天呢？"小梅真是哭笑不得，只好借故走开。

从此，刘丽虽然和小梅离得最近，但关系却越来越疏远。

还有一次，刘丽问小梅："你有没有看到我的ipad？"

小梅回答："我没有看到。"

刘丽责问道："我明明将ipad放在办公桌上，就外出办事了，回到办公室发现ipad已经不见了！ipad不会长了腿跑掉的。在你对面难道你能看不见？你可以借去玩玩呀！"语气中隐约地带有强烈的质疑意味。

面对刘丽咄咄逼人地追问，小梅感到十分委屈。

"你还是找找，说不定落在哪里了。"同事老王说。

结果，刘丽在自己的抽屉里找到了ipad。

同事看到刘丽是个多疑的人，所以，除了工作之外，很少有人和她有私下的交往。在公司，刘丽成了"孤家寡人"。

心理学认为，“多疑”是在一种偏常认识的支配和影响下造成的性格缺陷。多疑的人，常会产生缺乏事实根据、不合逻辑的、固执的想法和观念。法国作家拉罗什夫科说：“猜疑的黑云蒙蔽了我们的心灵之窗，使我们的灵魂黯淡龌龊，最终会毁掉我们本应拥有的一切人间美好的友谊。”

交际箴言

不要让猜忌成为自己摆脱不了的恶习。在与人交往中，对人一定要多些信任，少些猜疑，这样才能和别人融洽相处。

帮助别人就是在帮助自己

“各人自扫门前雪，莫管他人瓦上霜。”被不少人当成竞争制胜的信条。但是，“各顾各”只能让一个人在群体中有“小得”，要想深深地扎根团队中，还需要对他人多一份善意，懂得帮助他人。在必要的时候，本着“友善第一，竞争第二”的原则，向他们伸出援助之手。

《圣经》上说，“助人就是助己”，在任何一个群体中，只有你先付出了，别人才会回报你。

有一个中年妇女，丈夫因病去世，自己一个人带着女儿艰难度日。她原本在一家工厂上班，几年前，由于经济不景气，工厂面临着倒闭，她下岗了。好在她平时待人很好，在街坊邻居中极有人缘，下岗不久，便在亲戚朋友的帮助下，在小镇的服装市场旁开了一家饭店。

饭店刚开张时，生意较为冷清，全靠朋友和街坊邻居们的关照。后来，由于女店主忠厚老实，又热情公道，小饭店渐渐开始有了回头客，生意也一天天地好起来。

也许是女店主慈悲善良的缘故，几乎每到中午吃饭的时间，小镇上的几个乞丐都会相继光顾这里。客人们常对女店主说：“快把他们轰走吧，这些都是好吃懒做的主，别可怜他们！”这时女店主总是笑笑说：“算了吧，谁还没个难处，再者你看他们风餐露宿的，也挺可怜的。”

人们都说，这女店主太善良了，从未见过小镇上其他店主能够像她那样对待这些肮脏不堪令人厌恶的乞丐。若是别的店主，一见到乞丐上门，就会严厉地呵斥辱骂，毫不留情地赶走他们。而这位女店主则每次都会微笑着给他们的饭盆里盛满热饭热菜，而且多是从厨房里取出来的新鲜饭菜。更让人感动的是，在她的施舍过程中，没有丝毫的做作之态。她的表情和神态十分亲切自然，就像她所做的一切原来就是一件分内的事情一样。

日子就这样一天一天地过着。一天深夜，服装市场里一家经营童装生意的店铺由于电线短路引发了一场大火。那些服装几乎都是易燃物品，加之火借风势，眨眼工夫整个市场便成了一片火海。

而小饭店紧邻服装市场，势单力孤的女店主，眼看辛苦张罗起来的饭店就要被熊熊大火所吞没，那刚刚添置的冰箱和彩电也要化为灰烬，心急如焚。这时，只见那班平常天天上门乞讨的乞丐，不知从哪里冒了出来，在老乞丐的率领下，他们冒着生命危险将冰箱彩电，还有一个个笨重的液化气罐奋力地搬运到了安全的地方。紧接着，他们又冲进马上就要被大火包围的店内，将女店主的财物全都搬了出来。消防车很快就开了过来，大火被扑灭了。小饭店由于抢救及时，只遭受了一点小小的损失。而周围的那些店铺，却因为得不到及时的救助，被烧成了一片废墟。

大火过后，人们都说是女店主平时的善良得到了回报，要是没有这些平时受她恩惠的乞丐们出力，饭店恐怕也会变成一堆瓦砾。

在社会关系中，如故事中的女店主一样，当你帮助他人的时候，他也会对你心存感激，人缘好了，你自己有难的时候帮助你的人也就多了。那些获得你帮助的人会慢慢累积成一股宏大的力量，回馈给你巨大的支撑。

世界著名汽车制造商杜兰特手下的总裁叫卡洛·道尼斯。他曾是杜兰特手下的小职员，当他谈起他之所以被提升为总裁时说："当我刚到杜兰特先生那儿工作时，我就注意到，每天下班后，所有的人都回家了，但杜兰特先生仍留在办公室里，一直呆得很晚。我认为应当有人留下来，给杜兰特先生提供一些工作上必要的协助，所以我也留下来了……他随时都能发现我……后来他就养成了召唤我的习惯。这就是整个事情的过程。"

一位哲人说：“一个不肯助人的人，他必然会在有生之年遭遇到大困难，并且大大伤害到其他人。”是的，人在社会无不与他人存在着千丝万缕的联系；你的一言一行，你的一举一动，无不对他人产生或大或小的影响。一个人要是为自己的利益不顾他人的情感，只能说明他是一个自私的人，这样的人就是再有能力，也会被人所抛弃。所以，在社会中，一定要用“帮助别人”赢得良好的人际关系。我们必须认识到“我为人人，人人为我”，人与人“相互支撑”是社会生活的法则，从而学会助人，乐于助人。如果你撑一把伞给我，我撑一把伞给你，我们就能共同建造起一个完美而和谐的生活。

交际箴言

爱默生说：“人生最美丽的补偿之一，就是人们真诚地帮助别人之后，同时也帮助了自己。”其实帮助别人并不需要我们付出很多，有时只需举手之劳即可收到“两全齐美”之效。何乐而不为呢？

用微笑面对周围的每个人

英国诗人雪莱说："微笑，实在是仁爱的象征，快乐的源泉，亲近别人的媒介。有了笑，人类的感情就沟通了。"这话一点也不夸张，微笑的确具有如此神奇的魔力！

比如，当你在一些陌生场所，别人用友好的目光看着你时，你向对方报以微笑，那么双方的感情距离就拉近了，这就为以后的交往奠定了基础。

微笑又可以作为解决人际纠纷时最具感化力的"武器"。假如有人正冲你大发雷霆，你却对他欣然一笑，什么纠葛芥蒂都能冰消雪融。

另外，微笑还可以克服抑郁寡欢、空虚紧张、萎靡不振等不良情绪，从而促进个人的身心健康。因为"笑口常开"的人，往往会给自己一种心理暗示，并产生积极的反馈，使自己活得开心快乐。

瑞贝卡是一位三十多岁的中年女性，在美国一家证券交易所就职。由于工作压力大，再加上家务负担重，瑞贝卡时常有身心疲惫的感觉，她的脾气也在不知不觉中变坏，她从起床到出门去上班，很少对丈夫和孩子们笑一笑，这使得她与家人的关系日趋紧张。在交易所里，她嗓门很大，脾气暴躁，经常和他人发生冲突。

虽然瑞贝卡也意识到这样下去不行，但她无法控制自己，“也许是长久以来紧张的工作使我养成了这种习惯，任何一件事都可能惹我生气。”后来，在丈夫的陪同下，她来到心理咨询公司寻求心理专家的帮助。

心理专家向她提出，要让自己冷静、平和下来，要让脸上挂着微笑，这样才能让自己重拾快乐，也才能更容易与人相处。专家还教她一些利用微笑的技巧，并要求她时刻记住面对别人时脸上要带有微笑。

在接下来的日子里，瑞贝卡牢记心理专家的建议，尝试用微笑来面对每一个人：早晨，当梳头的时候，她对着镜中的自己微笑；吃早饭时，她对丈夫和儿子微笑；出门时，对遇到的邻居微笑着说一声“早安”；站在交易所的柜台后面，她对认识和不认识的客户微笑；忙碌的操作间隙，她对同事微笑。

刚开始，她觉得很别扭、很勉强。但她知道这样做是对的，因为她发现，周围的人对她也不像以前那样冷漠，而是热情地帮助她。她甚至听到有人私下在谈论她，说现在的她满面春风、信心十足，与以前垂头丧气、神情消极的样子大相径庭，像是变成了另外一个人。

“我觉得微笑每天都带给我许多财富。”这个曾经被认为脾气最坏的女人微笑着说，“我现在是一个快乐的人了，一个能够感受生活美好的人了。”

一个发自内心的微笑，能够让人有一个放松的心理状态和健康的身体，还能够有效地缩短人与人之间的情感距离，从而有利于形成融洽的交往氛围。难怪有许多专业推销员，每天清早洗漱时，总要花两三分钟时间，面对镜子训练自己的微笑，甚至将之视为每天的例行工作。

或许有的女人会说：“生活中的烦心事真是不少，不说工作的压力、岗位的竞争、职位的高低，光家里的事，就够我们女人忙乎的了，还怎么能笑得出来呢？”

虽然生活中的烦心事的确很多，但女人大可不必把所有的事都放在心上，不要背负着自己的苦，再背上他人的苦，而要调整好自己的心态，多想想事情阳光的一面，多想点高兴的事，让自己笑起来。

比如，你可以多想一些诸如此类的高兴事：今天我的上司表扬了我；昨天我生日，朋友送了我一束很美的玫瑰花；这段时间，我减肥又取得了一定成效；……想着这些事，你自然而然会发出会心的微笑，而这种自然的笑容更能展现你的魅力，令人倾心。

不过，微笑虽然是一种简单的表情，但是，请注意，不是张嘴就可以产生微笑的，要想笑得自然大方、得体适度，除了要注意口形外，还须注意面部其他各部位的相互配合。

女人在微笑的时候，先要放松面部肌肉，将下巴向内自然地稍许含起，然后使嘴角微微向上翘起，让嘴唇略呈弧形。最后，在不牵动鼻子、不发出笑声、不露出牙齿，尤其是不露出牙龈的前提下，轻轻一笑。在微笑时，目光应当柔和发亮，双眼略为睁大；眉头自然舒展，眉心微微向上扬起。这就是人们通常所说的“眉开眼笑”。

当然，刚开始时你可能会觉得这样微笑不太自然，但只要能对着镜子多练习几次，你的笑容定会变得自然大方、灿烂动人！国外曾有一句处世格言：“一个人的微笑价值百万美元。”这足以说明一张笑脸对人际交往、对个人事业来说有多么重要。

交际箴言

如果女人希望自己成为到处受欢迎的人，必须时刻牢记保持微笑，因为没有人愿意见到一个脸上布满阴云的人。

第三章
注重外在形象，赢得别人的尊重

一个形象邋遢、语无伦次的女人，不可能给予他人较好的第一印象，这往往就会成为你拥有良好人际关系的阻碍。所以，注重给人们留下完美的第一印象，无疑将有助于女人拥有一个好人缘。

初入交际场，注重第一印象

“首因效应”是指第一次与某物或某人接触时留下的印象，也叫“首次效应”或“第一印象效应”。心理学家研究发现，人们的第一印象形成是非常短暂的，往往只有几秒或几十秒的时间，可就在一眨眼的工夫，人们就已经对你“盖棺定论”了。“首因效应”提醒女人：人会根据第一次见面时的服饰、发型、手势、声调、语言等自我表达方式在审视、评判你，因此来决定你在他心中的印象。

好的第一印象，能帮助女人打开机遇的大门。

20世纪90年代初，张正清正在北美某大学攻读硕士学位，还有不到一年时间就毕业了。随着毕业期限的临近，张正清的就业压力越来越大，因为当时正逢经济萧条时期，很难找到一份好工作。

张正清一贯注重个人形象。每次在出门前，她总是

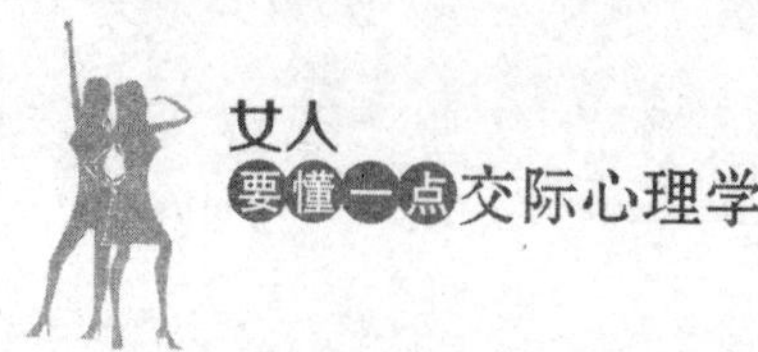

按照场合的不同对自己进行精心地装扮，特别是和人第一次接触，她非常注重给人留下良好的第一印象。

在一次专业学术会议中，张正清保持着一贯的典雅装扮。在会议上，她举止大方，脸上时时不失微笑。在和别人交流的时候，她顺其自然地运用高度职业化的自我展示能力和流利的英语对话。张正清的表现给一位跨国公司老总留下了深刻的印象，这位政治家出身、实力强大的加拿大老总回去后，随即让人事部门接触张正清，问她能不能在毕业后到他旗下的美国分公司工作。当然，他会付给张正清博士生待遇的工资和广阔的升职空间。

对于这样的好事，张正清当然乐于接受。就这样，还没有毕业的张正清就被一家大公司“预定”了。无疑是张正清恰当运用“第一印象”的金钥匙，打开了事业的大门。

世界上著名的心灵导师卡耐基说：“一个人的‘第一印象’是非常重要的，别人对你，或者你对别人都是一样。”的确，人们认识事物是一个由表及里、由浅入深的过程，在人们对你的一切都不了解的时候，绝大部分人都会根据个人的第一感觉做事，而你留给对方的第一印象是好是坏，是决定着产生什么样感觉的关键。

中国女博士彭芳芳在巴林银行工作，尽管她能力很强，但并不能在银行享受相应的薪资待遇。这也让她的上司感到遗憾，他说："我和人事部在招聘她的时候，她看起来像个再普通不过的女人，但进入公司后，她的专业能力是超乎我们想象的。不幸的是由于加入时公司给她的位置太低了，我们只能在那个基础上为她加薪。"

原来，在面试的时候，彭芳芳没有注意到第一印象的重要，还保持一贯朴素的装扮；因为准备不充分，自我展示的能力也很平凡。面试官根据这些给她在巴林银行安排了一个职位。因为在面试时彭芳芳的能力被低估和忽视，尽管她出色的计算机能力使她被公司雇用，但彭芳芳留下的那个普通、平凡的第一印象，却成为日后事业发展的障碍。

毫不夸张地说，第一印象就是效率，就是经济效益。它比第二次、三次的印象和日后的了解更重要。美国勃依斯公司总裁海罗德说："大部分人没有时间去了解你，所以他们对你的第一印象是非常重要的。只有给人留下良好的和一印象，你才有可能开始你的第二步，如果你留下一个不良的第一印象，很多情况下，我们会相信第一印象基本上准确无误。对于寻求商机的人，一个糟糕的第一印象，就失去潜在的就业机会，这种案例数不胜数。你必须花费更多的时间才能够抹去糟糕的第一印象。”通过首因效应，人们可以发现人人都有先入为主的心态，你对对方而言，具有新鲜感，你给人们的第一印象，将成为你与他们相互了解的开端。

交际箴言

与其让别人慢慢地修正对自己不好的印象，倒不如把自己良好的形象，在第一次见面的时候就展示给对方，迈好与人相识的第一步。

做个着装得体的白领丽人

每个女人差不多都崇尚美好的生活，追求美丽的事物，而作为一个时尚女性，自然更不能忽略自身的美丽。古语有云：“三份长相，七分打扮。”即使是中国古代的四大美人，虽然容颜娇俏，但也少不了华衣丽服的装扮，这正是所谓的“红花还需绿叶辅”。

小璇是一个快乐的、个性张扬的女孩，在生活中，她酷爱那些颜色鲜明，图案另类，可以随意穿着的吊带，还有潇洒凉爽的凉拖。

而身为软件编程员的她，也找到了一家对着装要求非常宽松的软件设计公司。因为这里的老板认为：IT 行业工作压力比较大，在公司内作业时员工根据自己的喜好着装，可以减轻工作压力，只要员工随公司出去作业或与客户谈判时，着装正式一些就可以了。因此，在这里老板平时穿牛仔裤上班，到了热天的时候他也不能免俗地穿几天凉拖。

因此，小璇的“亮装”在公司里并没招来非议，而且总是有很高的回头率，因此，她心理暗暗得意，不知不觉中把办公室当成了 T 型台。

在小璇进入公司的第二年夏天，公司接了一个案子：为一家国际大型计算机集团做软件编程，而小璇的技术非常不错，被公司选入这个工作组之中。

小璇非常高兴，一方面是自己这一年来的努力没有白费，而且得到了老板的赏识；另一方面，这是一个非常不错的机会，可以到大公司学习一些新的东西。

在去那个大公司的头一天，小璇公司的老板强调：每一个到这家大公司的员工都必须穿着得体，因为这家公司对着装有严格的规定，因此，他不希望他的员工因为穿着这件事被撵回来。

而在临下班之前，带队的技术主管林项特意把小璇叫到办公室："小璇，你一直是一个非常出色的女孩，我非常欣赏你的技术实力，希望你能在那里为公司发挥出你的才能。"

小璇听到这里心里美滋滋的，对主管说："谢谢你的赞赏，我一定尽我最大的努力做好我的工作。"

林项微笑道："我相信你的实力，但是今天来还有一件小事跟你说一下，明天到那里去了，你这样的穿着虽然很漂亮，但是毕竟那是一家大公司，所以我希望你明天穿着更为得体一些。"

小璇听到这里原本的好心情，一下消失得无影无踪，心想：我是靠技术吃饭的，技术不好穿得整齐又有什么用；技术好，我穿成这样，他们还能把我退回来？

小璇应承主管几句，就走出了办公室，决定明天还是向从前一样的服饰，去那家大公司。

第二天，小璇穿了一件单肩吊带，一条夏威夷式的花短裙，外加一双只有两根皮条串成的凉拖就去那家大公司了。

一进门，她就发现她同事的着装与从前相比，正式多了，男同事虽然没有穿衬衣打领带，但是都是规整的T恤长裤，女同事则是比较保守的服饰。可是，她不以为然，心中暗暗笑道：在这只干一、两个月的活就回公司，又不是他们这儿的人，何必这样遵守他们的规矩，连真实的自我都不能表现吗?

于是，小璇在众人的注目礼下，走入了自己的办公栏内，刚刚坐定，隔壁的同事就凑过来惊叹道："还是你厉害，昨天老板和咱们主管那样强调，我们今天一个敢违规的都没有，你还是和平时没有两样，佩服、佩服。"

小璇得意地道："只在这干几天，又不是把自己卖到这儿了，那么听他们的干什么，过几天回去，还不是想穿什么穿什么，咱们老板平时都那样，为了这几天穷折腾自己，一点都不值，再说，我穿成这个样子他们还把我退回去不成？"

午饭时，主管林项来找小璇，他不悦地说："昨天我不是建议你，改变一下平时的风格吗？今天怎么又穿成这样来上班了，这里的主管来找过我了，希望我的下属明天都能穿得规矩一些，否则他们会来协商退人之事，我希望你明天穿正规的衣服来上班，否则你就回公司去。”

小璇生气地说：“这是我最正常的衣服，而且我没有那种大妈鞋，难道为了这个工作让我现在就去买一双吗？”

“是的，如果你想在这里跟我一起工作，你必须去买那样的一双鞋，也必须换掉你现在这身衣服。”主管说到这里停顿了一下，“不过，现在我决定把你调回公司，因为我不想让这里的主管把你退回去，那样对公司和你都是一个损失，这样吧，你明天还是回公司上班吧。”

小璇生气地转身要走，主管叫住了她：“小璇，我只想告诉你，在这里我们的穿着不再是个人的喜好，而是公司的形象，你身为公司的员工必须维护公司的形象，记住，到哪里工作都是这个样子。”

另类的着装使小璇失去了这次大展身手的机会。

做一个聪明的白领丽人，首先要懂得什么场合穿什么衣服。面对事业这个多变体，女人就应该是一个游走在规则之内的千面女郎。作为一个普通女性职员需要为自己选一件适合自己年龄、体形、外貌和所处职位的职业装，即便是一位身处管理层的女性，在事业上，也应该关爱自己的形象、装束。

交际箴言

衣服是女人的第二张脸，修饰好这张面孔能为你增色七分，修饰不好则有可能毁掉你原有的七分姿色。

给人好感的坐姿与站姿

一个女人可以不漂亮，但是不能没有女人味，女人味是什么？女人味就是除却一个女人的外貌而感受到的她在举手投足之间散发出的一种“只可意会，不可言传”的韵味。这种韵味就像一杯清香的绿茶，意味深远；又像是看上去淡淡的枣花，香气暗涌又令人回味。

这种女人特有的韵味，是从她举手投足的细节来透露的。有人做过一个有趣的实验发现，一个女人要向外界传达完整的信息，语言成分只占7%，声调占38%，而剩下的55%要通过肢体语言来传达。因此，要让自己成为一个具有浓郁女人味的女人，那就好好地修炼你的

生活细节吧！

张爱玲在文章中曾经写到旧时女人穿裙子要掌握的细节："家教好的姑娘，莲步姗姗，百褶裙虽不至于纹丝不动，也只限于最轻微的摇颤。不习惯穿裙子的小家碧玉走起路来便予人以惊风骇浪的印象。更为苛刻的是新娘的红裙，裙腰垂下一条条半寸来宽的飘带，飘带端系着铃。行动时只允许有一点隐约的叮当，像远山上宝塔上的风铃。"

体态能够显示人的思想和气质。抬头、挺胸、直背，会给人一种精神饱满、充满活力、自信坚定的印象；而一个内心缺乏勇气与自信的人，通常会呈现出站立不稳、不直、弯腰驼背、斜肩等不良的体态，这些都会给人留下胆小、怯懦、不自然、不雅观、缺乏魅力、缺乏自信心的印象，使人不愿意与这种人交往。因此，对于一个女人而言，如何通过站姿、坐姿表现出你的优雅，是尤其应该引起足够重视的。

1. 站姿

站立是人们生活、工作及交往中最基本的体态之一。正确的站姿要做到站得端正、稳重、自然、亲切。上身正直，头正目平，面带微笑，微收下颌，肩平挺胸，直腰收腹，两臂自然下垂，两腿相靠直立，两脚靠拢，脚尖呈 V 字形。女子两脚可并拢，肌肉略有收缩感。

还有一种站姿是一脚在前，一脚在后，两脚之间有点距离，重心稍靠前，身体稍微前倾，这种站姿显得精神自然、稳重潇洒，给人一种气宇轩昂的感觉。

站立时，如有全身不够端正、双脚叉开过大、双脚随意乱动、无精打采、自由散漫的姿势，都会被看做不雅或失礼。

会站的女人，挺拔如小白杨，清丽如出水芙蓉，有一种阴柔、端庄之美。经典影片《出水芙蓉》中，教练训练队员的站姿时，就要求对方要抬头、挺胸、收腹、提臀。在现实生活中，女性美丽的站姿同样要求如此，我们在站立时，只要把握抬头、挺胸、收腹、提臀这四点，就能做一个“站”美女了。

切记，在一些场所，千万不要将手插入裤袋或交叉在胸前，更不能下意识地做小动作，如摆弄衣角、咬手指甲等，这样做不仅有失仪态的庄重，还会给人缺乏自信、缺乏经验的印象。

2. 坐姿

优雅的坐姿传递着自信、友好、热情的信息，同时也显示出高雅庄重的良好风范。在社交场合，坐姿要自然大方，既不要放任随便，以致失礼；也不必正襟危坐，过于拘束。可以按照座位的条件和场合的不同，采取适当的坐姿；并可以根据交谈的需要，转化自己的体态。

坐姿包括就座的姿势与坐定的姿势。在落座时，要注意应在站立的姿态上，后腿能够碰到椅子，然后用手把裙子向前拢一下，轻轻坐下来，两个膝盖一定要并起来，腿可以放中间或放两边。假如想跷腿，两腿应是合并的，如果穿的裙子较短时一定要小心盖住。那些需要经常走动工作或要上高台坐下的女士，都不适合穿太短的裙子。

无论哪一种坐姿，都要自然放松，面带微笑。在与人交往的场合，不可仰头靠在座位背上或低着头注视地面；身体不可前俯后仰，或歪向一侧；双手不应有多余的动作。双腿不宜敞开过大，也不要把小腿搁在大腿上，更不要把两腿直伸开去，或反复不断地抖动。这些都是缺乏教养和傲慢的表现。

在公共场合，我们经常会看到一些不雅的坐法，比如两腿叉开，腿在地上抖个不停，或者腿跷得很高。这些不良的坐姿实在让人不敢恭维。因此，要注意以下几个常见的不良坐姿：

（1）半躺在沙发座椅上，显得懒散、没精神；

（2）跷起二郎腿，还不断抖动自己的双腿，显得很没有素养；

（3）把头仰靠在沙发背上，仰着脸同别人交谈，显得很没礼貌。

坐定时，上半身挺直，两肩放松，下巴向内收，脖子挺直，胸部挺起，双膝并拢，双手自然地放于双膝或椅子扶手上。假如谈话时采取侧坐时，上体与腿应同时转向一侧，把双膝靠拢，脚跟靠紧。假如不是十分严肃的场合，也可以将一条腿跷起来，交叉叠放在另一条腿上，俗称“跷二郎腿”。“跷二郎腿”的方法是：将左脚微向右倾，右大腿放在左大腿上，脚尖朝向地面。

切记，坐着的时候要安静，不可把椅子弄得乒乓乱响。不要心神不定，如坐针毡，一会儿向东看，一会儿向西瞄，或是在椅子上前俯后仰，把腿架在椅子上或沙发扶手上，这些都是极不雅观的动作。另外，跷二郎腿的时候，切忌脚尖朝天。

在社交过程中，保持良好的体态，做到站姿、坐姿自然优美，不但能展示出你良好的精神面貌和个人风范，还能使你的谈吐充满自信和动人的魅力。

我们每个人从小就被家长和老师教导要“站有站相，坐有坐相”“站如松、坐如钟”，这说明，一个良好的体态对每个人都是很重要的。在社交中，不管你的身材怎样，保持良好的体态，会使你看上去更自信，更有气质和风度，会给人留下仪表不凡、落落大方的印象，从而使他人更加愿意和你交往。

交际箴言

今天，女性虽不至于像旧时女子那样小心翼翼地生活，但要想在任何场合都能姿态美妙、风雅大方，就需要掌握一定的行为细节，培养良好的生活习惯。

女性要注意的手势礼仪

手姿，是人体语最重要的组成部分，也是人们交往中不可或缺的沟通工具。女人在社交场合中，一定要注意恰当地运用手势，尽情发挥它的功能，这样才能避免给人留下装腔作势、缺乏涵养的感觉，也才能让手势为你的女性魅力锦上添花。

古罗马政治家西塞马说过："一切心理活动都伴有指

手画脚等动作。手势恰如人体的一种语言，这种语言甚至连野蛮人都能理解。”法国大画家德拉克洛瓦则指出：“手应当像脸一样富有表情。”他们的话从不同侧面指出了手姿的重要性。

的确，手姿是人体语最重要的组成部分，也是人们交往中不可或缺的沟通工具。因此，女人在人际交往中，一定要注意恰当地运用手势。

1. 要正确运用最基本的手势

学习手姿，最重要的是要正确掌握和运用下述基本手势。

垂放：一是双手自然下垂，掌心向内，叠放或相握于腹前；二是双手伸直下垂，掌心向内，分别贴放于大腿两侧。多用于站立之时。

背手：多用于站立、行走时，既可显示权威，又可镇定自己。其做法是双臂伸到身后，双手相握，同时昂首挺胸。

持物：即用手拿东西。其做法多样，既可用一只手，又可用双手。关键的是，拿东西时应动作自然，五指并拢，用力均匀。不要翘起无名指与小指，显得扭捏作态。

鼓掌：是用以表示欢迎、祝贺、支持的一种手姿。其做法是以右手掌心向下，有节奏地拍击掌心向上的左掌。但是，不应以此表示反对、拒绝、讽刺驱赶之意，即不允许“鼓倒掌”。

夸奖：主要用以表扬他人，其做法是伸出右手，翘起大姆指，指尖向上，指腹向着被称道者。但不应将右手姆指竖起，反向指其他人，因为这意味着自大或藐视。

指示：这是用以引导来宾，指示方向的手姿。其做法是以右手或左手抬至一定高度，五指并拢，掌心向上，以其肘部为轴，朝一定方向伸出手臂。而不能直接伸出食指、用一个指头进行指示，这样会显得不礼貌，甚至会引起对方的反感。此外，一些人习惯性地用手中正在使用的笔指点对方或做示意，也不符合礼仪规范。

2. 要注意手势的区域性差异

不同国家，不同地域，不同民族，由于文化习俗的不同，手势的含义也有很多差别，甚至同一手势表达的含义也不相同。所以，在运用手势时要注意区域性差异，才不至于无事生非。

翘大拇指：这是中国人最常用的手势，表示夸奖和赞许；在日本，这一手势表示“男人”、“您的父亲”；在墨西哥、荷兰、斯里兰卡等国家，这一手势表示祈祷幸运；在美国、印度、法国，是拦路要求搭车的意思；在希腊，表示让对方“滚蛋”，是对人极大的不敬。

"V"形手势：这种手势是二战时的英国首相丘吉尔首先使用的，是表示"胜利"的意思。不过，做这一手势时务必记住把手心朝外、手背朝内，在英国尤其要注意这点，因为在欧洲大多数国家，做手背朝外、手心朝内的"V"形手势是表示让人"走开"，在英国则指伤风败俗的事；在希腊一般"V"形手势代表了视对方为恶魔、邪恶之人；在中国，"V"形手势表示数目"2"、"第二"或"剪刀"；在非洲国家，"V"形手势一般表示两件事或两个东西。

OK手势：这种手势源于美国，表示"同意"、"顺利"、"很好"的意思；在法国表示"零"或"毫无价值"；在日本是表示"线"；在泰国表示"没问题"；在巴西表示粗俗下流；在中东以及非洲地区，这种手势则象征了孔或洞，有明显同性恋的含意，如果在酒吧等公共场所，有人向你示此手势，大概就是同志之间寻找伴侣的手势了，千万不要回以竖大姆指的手势，也不要以为他向你比OK，你也应礼貌性地回以OK。

向上伸小指：在中国，这一手势表示"小"、"微不足道"、"最差"、"最末名"、"倒数第一"，并且引申而来表示"轻蔑"；在日本，表示"女人"、"女孩"、"恋人"；在韩国，表示"妻"、"女朋友"；在菲律宾，表示

"小个子"、"年少者"、"无足轻重之人"；在美国，表示"懦弱的男人"或"打赌"；尼日利亚人伸出小手指，含"打赌"之意；但在泰国和沙特阿拉伯，向对方伸出小手指，表示彼此是"朋友"，或者表示愿意"交朋友"；在缅甸和印度，这一手势表示"想去厕所。"

搓手：在欧美国家，摩搓双掌，表示"完成了所做的事"；在非洲，人们常用"搓手"这一手势来表明自己与某件事毫不相干、没有关联。其具体搓法是：先用左手手心搓右手手背，从手腕一直搓到手指尖。

招手：掌心向下的招手动作，中国表示招呼别人过来，而在英美等国则是用来招呼动物的。

3. 要避免使用不良手势

在社交场合中，要避免使用以下几种不良的手势。

不卫生的手势：在他人面前搔头皮、掏耳朵、剜眼屎、抠鼻孔、剔牙齿、抓痒痒、摸脚丫等手势，均极不卫生，令人恶心，自然是不当之举。

不稳重的手姿：在大庭广众之前，双手乱动、乱摸、乱举、乱扶、乱放，或是咬指尖、折衣角、抬胳膊、抱大腿、拢脑袋等手姿，亦是应当禁止的不稳重的手姿。

失敬于人的手姿：掌心向下挥动手臂，勾动食指或除拇指外的其他四指招呼别人，用手指点他人，都是失敬于人的手姿。其中，指点他人，即伸出一只手臂，食指指向他人，其余四指握拢这一手势，因有指斥、教训之意，尤为失礼。

动作过多过大的手势：在社交场合，手势动作幅度不宜过大，次数不宜过多，不宜重复，否则会给人留下装腔作势，缺乏涵养的感觉。一般情况下，手势的上界不应超过对方的视线，下界不低于自己的胸区，左右摆的范围不要太宽，应在人的胸前或右方进行。

总之，手是人身体上活动幅度最大、运用操作最自如的部分。因此人们在日常生活中时时处处忘不了它，事事处处离不开它，即使在社交场合也要尽情发挥它的功能，于是五彩缤纷的手势语也就应运而生。由失聪残疾人表演的“千手观音”美仑美奂，无疑是“手势语”的上乘之作。

交际箴言

手姿是人体语最重要的组成部分，也是人们交往中不可或缺的沟通工具。因此，女人在人际交往中，一定要注意恰当地运用手势。

女人不可轻视的握手礼

握手，虽然看似简单，但握手时力度的大小、时间的长短以及身体的姿势等，都直接表现出握手双方的关系远近、情感厚薄、个人文化修养乃至于待人接物的基本态度与方式等。既然握手具有如此大的作用，女人就应当灵活地掌握与运用握手的礼仪，恰当得体地展示自己礼貌待人的良好修养。

著名的盲聋女作家海伦·凯勒曾说："我接触过的手，虽然无言，却极有表现性。有的人握手能拒人千里……我握着冷冰冰的手指，就像和凛冽的北风握手一样。而有些人的手却充满阳光，他们握住你的手，使你感到温暖……"

既然握手具有如此大的作用，我们就应当本着"礼貌待人，自然得体"的原则，灵活地掌握与运用握手的礼仪，恰当得体地显示自己的修养与给予对方尊重。

1. 握手的时机

一般情况下，在下述时机应该与交际对象握手：在你被介绍与人相识时；与友人久别重逢时；在公共场合突遇熟人时；自己作为东道主迎送客人时；感谢他人的支持、鼓励或帮助时；向别人表示祝贺、肯定、鼓励或支持时；劝慰亲属与朋友、同学时；向他人或他人向自己赠送礼品或颁发奖品时等，都是应该握手的时机，不应疏忽。

而在下述时机，则不宜同交际对象握手为礼：对方手部有伤时；对方手里拿着较重的东西时；对方忙着别的事，如打电话、用餐、主持会议、与他人交谈时；对方与自己距离较远时；所处环境不适合握手时等。

2. 握手的次序

握手时最重要的是要知道应当由谁先伸出手来，也就是说要了解伸手的先后次序。

长辈与晚辈握手，应由长辈先伸出手来，晚辈才能伸手相握；上下级之间握手，上级伸手后，下级才能接握；已婚者与未婚者握手，应由已婚者首先伸出手来；男女之间握手，女方伸手后，男方才能伸手相握，若男方为长辈，则应该先伸手。

在接待来访者时，这一问题变得特殊一些：当客人抵达时，应由主人首先伸出手来与客人相握，表示欢迎；在客人告辞时，就应由客人首先伸出手来与主人相握，表示感谢招待，并请主人留步。这一次序颠倒，便有逐客之嫌。

在多人同时握手时，其礼仪顺序是先尊而卑，依次进行，即先长辈后晚辈，先上级后下级，先已婚者后未婚者，先女士后男士。切忌交叉握手，因为交叉握手在通常情况下是一种失礼行为。如果要是在丹麦人面前交叉握手，则会被看作是最无礼也最不吉利的事情。

如果当自己伸手时发现别人已伸手，应主动收回，并说声“对不起”，待别人握完后再伸手相握。

在人数较多的聚会或社交场合，可只与主人、熟人和相近的几个人握手，向其他人点头致意，或微微鞠躬即可。

应当强调的是，上述握手时的先后次序不必处处苛求于人。如果自己是尊者或长者，而位卑者或年轻者抢先伸手时，最得体的就是立即伸出自己的手，进行配合，而不要置之不理，使对方当场出丑。

有时当你主动伸出手与对方相握时，对方却没有注意到，此时最好的办法是自然微笑的收回自己的手，不必在意，任何人都会碰到这种情况。

3. 握手的动作要领

向他人行握手礼时，应起身站立，上身微微前倾，右手略向前下方伸出，拇指张开，其余四指自然并拢并微微内曲，以手掌和手指与对方的手握合，同时应面带笑容，注视对方双眼，口头问候道："您好！""见到您很高兴！""欢迎您！""恭喜您！""辛苦啦！"，等等。

握手之时，握手双方之间的最佳距离为1米左右。若距离过大，显得像是有意冷落对方；若距离过小，握手时手臂难以伸直，也不雅观。

与他人握手的时间不宜过短或过长，一般以三五秒钟为好。握手时两手一碰就分开，时间过短，好似在走过场，表达不出应有的情感，有敷衍之嫌，又像是对对方怀有戒意。时间过长，尤其是拉住异性或初次见面者的手长久不放，则显得有些虚情假意，甚至会被怀疑为"想占便宜"。

握手的力度也要适中，应以牢固而对方不感疼痛为度。握得过轻，仅漫不经心地用手指尖"蜻蜓点水"式去点一下是无礼的，会显得妄自尊大和敷衍了事。握得过重，又显得过分热情近乎虚假，也是粗鲁无礼的。尤其是当与异性以及初次相识者握手时，千万不可用力过猛，只须轻轻握一下对方的四指即可。

3. 握手的禁忌

在行握手礼时除了应努力做到动作合乎规范外，还要避免违犯下述失礼的禁忌。

握手时不要争先恐后，抢先伸手，而应当遵守秩序，依次而行。

不要坐着与人握手，除非生病或特殊场合，但也要欠身握手，以示敬意。

不要用左手与他人握手，尤其是在与阿拉伯人、印度人握手时更要牢记此点。因为在他们看来左手是不洁净的。

在与基督教徒握手时，不要与另外两人相握的手形成交叉状，这种形状类似十字架，在他们眼里是很不吉利的。

不要用脏手、湿手和凉手去和他人握手，否则会给对方造成不快。

不要拒绝和别人握手，即使有手疾或汗湿、弄脏了，也要和对方说一下"对不起，我的手现在不方便"，以免造成不必要的误会。

右手与人相握时，左手不要拿着报纸、公文包等东西不放，也不要插在衣袋里，而应当空着，并贴大腿外侧下垂，以示用心专一。如果别人要和你握手，而你正在抽烟，千万不要换手持烟而握手，像个老练的风尘女子一样。端庄的女孩应该把烟放下，再伸手相握。

不要戴着手套与人握手，即使你的手套十分洁净也不行。这是因为"十指连心"，人们之所以在相见时握手，是让双手相握触摸时传达自己的内心情感。戴着手套就意味着你不愿意与对方进行情感交流，既然如此，也就没有握手的必要。

不要在握手时戴着墨镜，只有患有眼疾或眼部有缺陷者方可例外。

不要在握手时仅仅握住对方的手指尖，也不要只递给对方一截冷冰冰的手指尖，好像有意与对方保持距离。

不要在握手时把对方的手拉过来、推过去，或者上下左右抖个没完。

不要在握手时面无表情，不置一词，好像根本无视对方的存在，而纯粹是为了应付。

不要在握手时长篇大论，点头哈腰，滥用热情，显得过分客套。过分客套不会令对方受宠若惊，而只会让对方不自在、不舒服。

不要在与人握手之后，立即擦拭自己的手掌，好像与对方握一下手就会使自己受到“污染”似的。

交际箴言

女人应当灵活地掌握与运用握手礼仪，恰当得体地展示自己礼貌待人的良好修养。

女性一定要懂的接待礼仪

接待来访是很多女性的一项日常工作。在接待中的礼仪表现，不仅关系到自己的形象，还关系到企业形象。所以，身为一名职业女性，在接待来访时一定要有“我代表企业形象”的意识，尽力遵守接待礼仪，这样才能给访客留下良好的第一印象，才能为公司赢得商誉。所以，如果你是一名职业女性，就非常有必要掌握一些接待来访的礼仪。

1. 主动打招呼

有访客来时，最好暂时放下手头的工作，站起来微笑着打招呼：“您好！请问有什么事情吗？”如果当访客走近你时，你还在打字或整理文件没有做出反应，访客会觉得你漠视他。

如果当时你正在接电话，可用另一只手按一下话筒，对访客点一下头，说：“你好！请坐！”再继续打电话，打完后再进一步接待。

如果当时你正办急事，可先起身招呼：“您好！对不起，请先坐下。”办完手上的急事后再接着接待，要尽量抓紧时间少让访客等候。当事情办完后，也应该向访客解释说：“对不起，让您久等了，我刚才办的是急事。”

2. 问清访客的来访目的

打过招呼后，要问清访客的姓名、身份以及来访目的，比如：“对不起，请问您是哪一位？”“您好！请问有什么事儿吗？”

如果访客拒绝说出来访目的，而上司对此有明确要求，应该坚定地说：“很抱歉！恐怕我不得不先告诉上司您要谈的事情，然后我才方便安排您和他的会谈。”或“对不起，您什么都不说，我如何向我的上司禀报呢？”

如果访客仍不愿告诉原因，其中有隐情，这时可以微笑着建议：“如果您不愿现在说出来访原因，我可以理解。您可以给我上司来封密函，跟他说说您想见他的理由，我相信他会很高兴与您会面的。”

3. 应付不速之客

上司没时间接见所有想和他见面的人，甚至没时间接见他想见的人。因此，如果有不速之客前来拜访，你可先向访客进行简短说明，然后请他们留下名片，并告诉他们你将把他们的资料放在公司档案里，如果有需要你将会和他们联络，这样做不仅能为上司减少不必要的

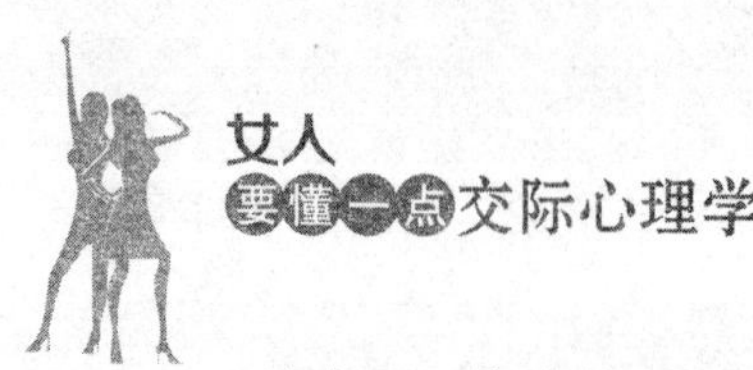

“麻烦”，你有礼的形象也将会为公司赢得商誉。

如果访客谈兴甚浓，或“赖”着不走，而你又没有太多空闲时间，应该委婉地告诉他：“真抱歉！我手头还有些事需要马上处理，我们改天再聊吧？”“很对不起！我需要马上做一些其他的工作，您不会介意吧！”“对不起！我要参加一个会，今天先谈到这儿，好吗？”，等等。此外，也可用起身的体态语言告诉来访者就此结束接待，但要记得收拾起桌上的有关文件资料，或者用其他东西盖住，以免外泄。

4. 接待有约的访客

如果访客是如约来访，你也不能直接回答他上司在不在，而应该让他坐下稍候，然后再去向上司通报。注意，如果是通过内线电话向上司通报，无论接听电话的是什么人，都要说：“某某办公室吗？”不要直呼“某某您好”，并说明有客人来访，请问上司是否方便接待或在不在，这样做可以给上司留下选择的余地。

如上司由于种种原因不能马上接见，要向访客说明等待理由与等待时间。若访客愿意等待，应该向他提供一些饮料、书报以排遣时间，切忌让访客坐冷板凳；若访客需要改日再来，则应主动征求访客方便的时间，最好多问几个时间，以便配合上司的时间表，然后再真诚地致谦："老总正在紧急会议中，没法与您见面，他让我向您致歉。""让您白跑一趟，真是不好意思！能否由我转达留言？"

如上司要求马上接见，你应礼貌地对访客说："我们老总在等您，请随我来"，然后将访客引领到会客厅或上司的办公室，而应避免用"跟我来"这样的命令式口气。

在引领访客到达会客厅或上司的办公室时，应该有正确的引领方法和引领姿势：

在走廊的引领方法：接待人员在访客二三步之前，配合步调，让访客走在内侧。

在楼梯的引领方法：当引导访客上楼时，应该让访客走在前面，接待人员走在后面，若是下楼时，应该由接待人员走在前面，访客在后面，上下楼梯时，接待人员应该注意访客的安全。

在电梯的引领方法：引导访客乘坐电梯时，接待人员先进入电梯，等访客进入后关闭电梯门，到达时，接待人员按"开"的钮，让访客先走出电梯。

客厅里的引领方法：当访客走入客厅，接待人员用手指示，请访客坐下，看到访客坐下后，才能行点头礼后离开。一般靠近门的一方为下座，如访客错坐下座，应请访客改坐上座。

5. 谦恭有礼地送客

当洽谈结束后，作为接待人员仍要谦恭有礼地将访客送出大门，尤其是在内部空间复杂的办公室里。

若是将访客送到电梯口时，接待人员在电梯门关上之前，都要对访客注目相送，等电梯即将关上的一霎那挥手示意或做最后一次的鞠躬礼，并说声“谢谢，欢迎再次光临！再见！”

若是将访客送到公司大门口，就要等到访客即将离开时做最后一次鞠躬，同时说声“谢谢，欢迎再次光临”，并目送访客的身影，直至消失不见才可返回自己的工作岗位。

若是将访客一直送到他的车旁，一定不要忘了在访客将关车门的一刹那做最后一次鞠躬并说“谢谢，请注意行车安全”，然后目送车子离开，直至看不见车影才可离开。

交际箴言

接待来访是很多企业员工的一项经常性的工作。在接待中的礼仪表现，不仅关系到自己的形象，还关系到企业的形象。

第四章
做个嘴甜的女人，好人缘是说出来的

在人与人的交往过程中，使用恰到好处的语言可以迅速缩短双方的感情距离，形成良好的交际氛围，同时使双方的关系融洽。

话要说到人的心坎上

俗话说："人心都是肉长的。"只要是人，都是可以被感动的，只要你能把话说到他的心坎上。在历史上有这样一个女人，她曾以她非凡的口才和感召力，改写了近代欧洲的历史。她就是拿破仑的初恋情人欧仁尼·克莱雷。

1815年6月18日，拿破仑兵败滑铁卢之后，反法联军对法国临时政府发出了最后通牒："停止抵抗，拿破仑离开法国，否则将血洗巴黎。"法国临时政府同意了这一要求，但一代枭雄拿破仑却决心孤注一掷，再次与反法联军决一死战。

巴黎处在危急之中，有人突然想起了欧仁尼·克莱雷，认为让她出面说服拿破仑也许能挽救危机。当年由于政治的需要，拿破仑放弃了纯真的爱情，与有着政治背景的约瑟芬结为夫妻，这曾使年轻的欧仁尼·克莱雷痛不欲生。正当她欲跳进塞纳河自尽之时，拿破仑手下的大元帅贝纳多救了她，并与她结了婚。但实际上，拿破仑对她一直怀有深深的爱恋之情。

当欧仁尼·克莱雷出现在拿破仑面前时，人事沧桑、今非昔比的感慨深深刺痛了拿破仑高傲自负的心。欧仁尼·克莱雷看着怆然的拿破仑，没有用激烈的言辞去刺痛他，而是与他一起回忆当年充满温情的甜蜜岁月，终于使得拿破仑早已泯灭的热爱和平的愿望重又出现，而一切不合实际的狂热妄想在欧仁尼·克莱雷的宽容大度面前彻底地冷却下来！他拔出了在滑铁卢战役中使用的战剑，交给欧仁尼·克莱雷，表示投降了。

像拿破仑这种叱咤风云的人物，都会被说在心坎上的话摧垮，更何况其他人了。

在交际中，把话说到对方心里，触发对方的恻隐之心，女性是有性别优势的，她们所费的工夫要比男性少得多。

在美国经济大萧条时期，有一位17岁的姑娘好不容易才找到一份在高级珠宝店当售货员的工作。在圣诞节的前一天，店里来了一位30岁左右的贫民顾客，他衣衫褴褛，一脸的悲哀、愤怒，他用一种不可企及的目光，盯着那些高级首饰。

姑娘要去接电话，一不小心，把一个碟子碰翻，6 枚精美绝伦的金戒指落到地上，她慌忙捡起其中的 5 枚，但第六枚怎么也找不着。这时，她看到那个 30 岁左右的男子正向门口走去，顿时，她醒悟到了戒指在哪儿了。当男子的手将要触及门柄时，姑娘柔声叫道："对不起，先生！"

那男子转过身来，两人相视无言，足足有一分钟。

"什么事？"他问，脸上的肌肉在抽搐。

"什么事？"他再次问道。

"先生，这是我的第一行工作，现在找个事儿做很难，是不是？"姑娘神色黯然地说。

男子长久地审视着她，终于，一丝柔和的微笑浮现在脸上。

"是的，的确如此。"他回答，"但是我能肯定，你在这里会干得不错。"

停了一下，他向前一步，把手伸给她："我可以为您祝福吗？"

他转过身，慢慢地走向门口。

姑娘目送着他的身影消失在门外，转身走向柜台，把手中握着的第六枚戒指放回了原处。

这位姑娘之所以能成功地要回男子拾去的第六枚戒

指，关键是她在尊重谅解对方的前提下，以“同是天涯沦落人”的凄苦言语博得了对方真切的同情。“这是我的第一行工作，现在找个事儿做很难。”这句真诚朴实的表白，却饱含着惧怕失去工作的痛苦之情，也饱含着恳请对方怜悯的求助之意，终于感动了对方，对方也巧妙地交还了戒指。试想，如果呵斥怒骂，甚至叫来警察，也可能会找回戒指，但姑娘的“饭碗”保得住吗？

交际箴言

女人在说话的时候，一定要有分寸，要让每句话产生巨大的力量，在对方的心里激起波澜，彻底打动对方，以助自己成功成事。

聪明的女人会说还会听

有些女人天生话多，在与人交谈中，她们总将自己放在主要位置，自始至终一人独唱主角，喋喋不休地推销自己，滔滔不绝地诉说自己的故事，好像他人都不存在似的，这样不但不能表现自己的交谈口才，反而令人生厌。

小吴曾与一广告公司女性总经理洽谈业务，这位女总经理长得挺漂亮，为人也挺热情，所以小吴对她的第一印象很好。可是，等到了中午，两人来到餐厅会餐时，这位女总经理把话匣子一打开，就滔滔不绝，如黄河决堤，一发不可收拾。小吴亦是业务口才高手，但想插几句话，却始终苦无机会。这位女总经理兴致高昂地叙述她所在公司的业务开展得如何蓬勃，小吴则两手在餐桌上玩弄着吸管，心中觉得十分无趣。30分钟过后，小吴终于鼓起勇气对这个女总经理说："对不起，待会儿我还有事，我先走了！"

苏格拉底说，自然赋予我们人类一张嘴，两只耳朵，也就是让我们多听少说。在与人交谈时，女人不能永远自以为是地"听我讲"，而要坚持经常地"听人说"，这样才能准确理解对方的意思，才能使对方有被重视的感觉，对方才会乐于和你继续谈下去。如果只以自己为中心，独唱"独角戏"，完全不顾及到对方的反应，只会令人生厌。

当然，倾听并不是只用耳朵被动地听别人所说的话，要想取得良好的倾听效果，还需要遵循一定的倾听技巧才行。

1. 创造利于倾听的环境

外界的干扰会给听觉添乱子，所以你必须排除那些干扰因素，以创造一个利于倾听的环境。

当你和别人交谈时，不要只是调低电视的音量，而应该关上它才对。同时，要记得清理一下你的桌子，或在谈话人和你之间的任何东西。这样做的目的在于你能集中精力注意对方所说的话。

此外，当你和某人，尤其是和领导交谈的时候，最好能把你的手机调成震动，或直接关掉，而不要在交谈中接电话，因为打断谈话去接听一个电话会使对方和你自己都觉得谈话不太重要了——同时使你所说的话也看起来不太重要了。

如果你真的没有时间，或由于别的原因而不愿听人谈话，你最好客气地提出来："对不起，我很想听你说，但我今天还有一件事要做。"礼貌地提出来，比勉强听或者坐着开小差更好一些。

2. 采用不同的倾听方式

在听别人说话时，还应注意根据对方地位的不同，采用不同的倾听方式。

如果对方的地位比你低，你就一定要注意自己在倾听时所表现出的诚意，以关心的真诚的态度认真倾听，让对方感觉到你愿意听他说的话。即使对方是向你发牢骚、讲抱怨，态度还很不友善，也不要因此冷对别人，更不要马上出口责备对方，而应该通过倾听，了解对方的真实想法，然后再想办法排解对方的牢骚、抱怨。这样对方会认为你是真正了解、关心他的人，是值得信赖的，于是也就会对你更加信任和尊敬。

如果对方的地位比你高，你不仅要认真倾听，有必要的时候还要做笔录摘要，这样做就会让对方感到你的重视，会有很好的效果。不过，面对地位比你高的人，你的态度应该是坦然的，而不是唯唯诺诺的，更不能一味献媚、低头哈腰，那样只会引起对方的反感。

3. 不要随便插话打岔

有些人往往因为疑惑对方所讲的内容，只听到一半或只听一句就脱口而出："这话不太好吧！"或因不满意对方的意见而提出自己的见解，甚至当对方有些停顿时，抢着说："你要说的是不是这样……"这时，由于你的插话，很可能打断了对方的思路，让对方产生反感。

听人讲话应该尽量在别人把话说完之后再说话。即使你真的没听懂，或听漏了一两句，或不赞成对方的观点，也必须等到他把话说完，再提出："很抱歉！刚才中间有一两句你说的是……吗？""我记得好像不是这样的……"对方就能明白你的疑问，从而也就避免了不必要的争执。

4. 适时给予对方反馈

倾听不仅是一个用耳朵去听的过程，还应该用自己的身体语言、简单的话语，适时地给对方以反馈，这样才可以使对方有一种被重视的感觉，才可以使谈话场面热烈，气氛和谐。

比如，在对方话语的不紧要处，说一些很短的话语，诸如："真的吗？""太好了！""后来呢？""请继续说！"等，以表示你在认真地倾听，或用点头微笑来表示你的赞同和鼓励。

这一点很重要。因为别人说了一大通以后，如果得不到你的反馈，尽管你在认真倾听，对方也会认为你心不在焉。

由此，你不难发现女人能说会道固然重要，但善于倾听更为重要，因为倾听是对他人的基本尊重，也是沟通心灵的有效途径。倾听，并非简单地用耳朵去听，也有视野的参与和目光的注视，最重要的是要用心去交流、理解，做出积极的反应，这样说者就会有一种被重视的感觉，而对你心生好感。

交际箴言

女人能说会道固然重要，但善于倾听更为重要。因为交谈不是演讲，不是个人表演的“独角戏”，而是一种有来有往、相互交流感情的双边或多边活动。

聪明女人会巧说“不”

“没办法呀，既然别人开了口，我怎么好意思拒绝呢？”

“拒绝？会得罪人的，还不如有求必应更省事，也能挣得一个好人缘。”

在生活中，不好意思拒绝他人的女人似乎大有人在，她们为了赢得好人缘，或是碍于面子不好意思说“不”，就对他人百般迁就、有求必应，结果不仅会让自己陷入

百事缠身的窘境，还会给人留下“没个性，喜欢讨好别人”等不良的印象，到头来只能是弄巧成拙，吃力不讨好。

英国作家毛姆在自己的小说《啼笑皆非》中写了这么一段耐人寻味的故事——

一位小人物一举成为名作家了，新朋老友纷纷向他道贺，成名前的门可罗雀与成名后的门庭若市形成了鲜明的对比。就连一位早已疏远的老朋友也找上门来，向他道贺。

怎么办呢？是接待还是不接待？按照本意，自己实在无心见他，因为一无共同语言，二来浪费时间。可是人家好心好意来看你，闭门不见似乎说不过去。于是只好见他了。

见面后，朋友又非得邀请他改日到自己家去吃饭。尽管他内心一百个不乐意，但盛情难却，他不得不佯装愉悦地应允了。

在朋友家的饭桌上，尽管他没有叙旧之情，可是又怕冷场，于是又得强迫自己无话找话。这种窘迫可想而知……来而不往非礼也，虽然他很不愿意再同这位朋友打交道，但他还是不得不提出要回请朋友一顿。而且他还得苦心盘算：究竟请这位朋友到哪家饭店合适呢？去第一流的大酒店吧，他担心他的朋友会疑心自己是在他面前摆阔；找个二流的吧，他又担心朋友会觉得他过于吝啬……

也许文学艺术有所夸张，但在现实生活中确有不少女人不善于也不愿意拒绝别人，生怕那样会得罪别人，于是便经常违心地答应别人的要求。

不可否认，与人交往和帮助别人是重要的，但是，如果你碍于情面，对一切都点头答应，实际上是在屈服，是在戴着“假面具”生活，那样不仅会让自己活得很累，还会让自己只为别人而活，直至逐渐迷失了自我。

何况想做个百般迁就、有求必应的“老好人”并不容易，由于你的委曲求全，别人可能提出更多或更进一步的要求，这些要求有时是不合情理的，甚至是强人所难的。例如一个品行不良的朋友来向你借钱，你明知道如果借给他是肉包子打狗有去无回；一个相熟的商人向你推销物品，你明知买下就要亏本；一个关系不错的同事让你在半天内帮她做出一份提案，你明知自己不可能完成……面对诸如此类的事，如果你因不好意思说“不”，轻易承诺了自己无法履行的职责，不仅会给自己带来更大的困扰，事后更有可能因没做到而有损自身的诚信形象，这岂不是得不偿失了吗？

著名喜剧家卓别林曾经说过："学会说'不'吧！那你的生活将会美好得多。"因此，女人大可不必勉为其难地去做有求必应的"老好人"，尤其是对于自己深感头痛又无能为力的事情，你更应该学会勇敢地说"不"！

当然，拒绝别人很容易给对方带来不愉快，甚至伤害到双方的感情。但只要能够把握好说"不"的技巧，就能达到既拒绝了对方的请求，又能使对方欣然接受的目的。

1. 先倾听，再说"不"

人都是有自尊心的，一个人有求于别人的时候，往往都带着惴惴不安的心理，如果一开始就语气强硬地说"不"，势必会伤害对方的自尊心，甚至会遭到对方的怨恨。因此，在决定拒绝之前，应该耐心地把别人的要求从始至终地听一遍，然后再清楚地界定对方的要求是不是自己力所能及，对自己不能答应的事要表示抱歉，如此一来，即使对方遭到拒绝，也会理解你的诚恳。

2. 降低对方对你的期望

大凡来求你办事的人，都是相信你能解决这个问题，都对你抱有很高的期望值。一般地说，对你抱的期望越高，越是难以拒绝。在拒绝要求时，如果多讲自己的长处，或过分夸耀自己，就会在无意中抬高了对方对你的期望，增大了拒绝的难度。如果适当地讲一讲自己的短处，以降低对方的期望。在此基础上，再适时地多讲别人的长处，就能把对方的求助目标自然地转移过去。这样不仅可以达到拒绝的目的，而且也使被拒绝者产生愉快和欣慰的心情，取代了原有的失望与烦恼。

3. 婉转地说明拒绝的理由

在向别人说“不”时，应该婉转地说明拒绝的理由，让对方相信你的拒绝是出于无奈，因而是可以理解的。如果生硬地拒绝，对方则会产生不满，甚至记恨你、仇视你。

例如，当同事要求你在一个不合理的期限内完成工作时，如果直截了当地以“我能力不够”，或“我真的忙不过来”为由拒绝对方，轻则让人觉得“你是一个袖手旁观、冷漠无情的人”，重则会影响以后的合作与相处。

而如果你能换种婉转的方式告诉他：“你交代的事我不会马马虎虎、敷衍了事，但这样仓促，恐怕我无法做出符合你期望的水平。”这样说话相信同事不仅不会心生埋怨，还会对你切实为他着想而产生感激。

“婉转”的目的也无非是为了减轻双方的期望，特别

是对方的心理负担，并非玩弄“技巧”来捉弄对方。特别是上级、师长拒绝下级、晚辈的要求，不能盛气凌人，而应以同情的态度、关切的口吻讲述理由，使之心服。

4. 提出“补偿”性措施

当别人来求你为其解决困难，而你又无能为力时，不妨采取一点“补偿”性措施，如主动为对方指出其他可行的解决办法，或推荐一下目前有能力解决这类问题的同行等。这样，既可以使对方获得心理补偿，减少因遭拒绝而产生的不满、失望，又可以让对方感觉到你的真诚和善意。

比如，老同学想进入你所在的公司工作，于是便找你“走后门”。你知道自己帮不了，因为老同学不仅专业不对口，外语水平也不行，这明显不符合公司的要求。但是你也清楚，不能直接拒绝，否则就太不给老同学面子了，这时你不如这样拒绝：“真是不巧，我们最近没有招聘人的计划，不过你别担心，我认识一个朋友，他那里似乎在招人。”然后，你再把朋友的联系方式抄一份交给老同学。虽然没有办成事，但相信这位老同学还是会很感谢你的。

5. 请“第三者”转告

当别人有求于你，而你又不好当面拒绝，或自己亲口说不合适的情况，这时就可以利用第三者作为“中介”，巧妙地转达你自己难以拒绝的事情。

比如，好友邀请你去参加他的生日宴会，你原本已经答应了，可是在宴会上却偏巧有一个你非常不想见到的人，你想拒绝参加宴会，又担心好友会不高兴，那你就可以找一个你们共同的朋友，带上你要送给过生日朋友的礼物，向好友表示你无法参加宴会的歉意。

虽然拒绝别人很容易使对方耿耿于怀，甚至伤害到双方的感情。但如果你能在拒绝别人时，能注意态度的诚恳、话语的婉转和说“不”的技巧，就可以避免这些情况的发生，轻松达到既拒绝了对方的请求，又能使对方欣然接受的目的，丝毫不损双方的情谊和你的好人缘。

交际箴言

与人交往和帮助别人是重要的，但是，如果你碍于情面，对一切都点头答应，实际上是在屈服，是在戴着“假面具”生活，那样不仅会让自己活得很累，还会让自己只为别人而活，直至逐渐迷失了自我。

批评要注意分寸和场合

人生在世，孰能无过？当别人出了错，需要你提出批评、给予指正时，你就需要把握批评的分寸：既要指出对方的错误，又要保留对方的面子。这样，对方才能心悦诚服地接受批评，改正错误。

反之，如果你不注意把握批评的分寸，不仅有可能达不到批评的目的，弄不好还会让对方觉得丢了脸面，自尊心受到伤害，即使对方感到自己有错误，也会强词夺理，或者拂袖而去，弄得不欢而散。

有一次，林茜应邀参加某公司所举办的商务宴会，在宴会上，她遇到了这样一件事情：那个公司的一个高级职员穿了一件不十分得体的晚礼服，公司经理看到后马上中断了和他人的谈话，走到那个职员面前。“你怎么穿这样的衣服来了？”经理的声音不大，但还是有人能听到。“对不起……之前准备好的衣服不小心刮坏了，所以就……”“那也不能穿这样的衣服来吧？”经理用嫌弃的目光看着职员身上的衣服，“简直是丢公司的人。”面对咄咄逼人的经理，那个职员的脸色越来越难看。“不要再解释了，马上去给我换一件，要么就离开这里，不要再在这里丢人了。”被说得无地自容的职员只好狼狈地离开了会场。目睹这一切，在场的人都觉得这个经理做得过分了，林茜也在心里想：这个经理应该不会在现在的位置上待很久了。果然，几个月后，这个经理被公司调到了外地的分公司，理由是无法和下属很好地相处。

每个人都是有自尊的，批评人时要顾及对方的自尊心，注意分寸和场合等问题。若不讲分寸，不分场合，随处发威，不仅会使对方感到颜面尽失，不利于问题的解决，而且会显得你太过盛气凌人，毫无宽容之心。

1. 必须讲究场合

心理学家研究表明：谁都不愿把自己的错误或隐私在公众面前曝光，一旦被人曝光，就会感到难堪或恼怒。的确，当有外人在场的时候，即使最温和的批评方式，也可能会引起被批评者的不满，认为你没有给他面子，让他颜面尽失。所以，要批评一个人的错误时，最好避免在公共场合，尽量选择单独会谈的方式，才能消除对方的抵触情绪。特别要注意切勿随便当着对方下级的面或客人的面批评他，否则，对方会认为你是故意丢他的脸，出他的丑，使他难堪，如此会引起双方公开的对抗。许多争吵，往往是由于批评的场合不对引起的。

2. 应当心平气和

常言说："良言一句三冬暖，恶语伤人六月寒。"批评人时应当心平气和、春风化雨，不要横眉怒目、讽刺挖苦、恶语伤人，更不要高声叫嚷，似乎要全世界的人都知道。否则最容易伤害对方的自尊心，导致矛盾的激化。当你怒火正旺时，最好是先克制一下情绪，整理一下思绪，等心情平静下来再实施批评。

3. 尽量不翻"旧账"

批评人应尽量准确、具体，对方哪件事做错了，就批评哪件事，对于过去的事尽量不要拉扯出来。否则，会使对方感到你一直暗地注意收集他的问题，这一次是和他算"总帐"，从而产生对立情绪。

4. 对事不对人

在批评时，要坚持对事不对人的原则，而不能因为对方某件事做错了，就论及他如何不好，以一件事来论及整个人，把他说得一无是处，一贯如此。比如用"你这个人真是不可救药"、"我算看透你了"等来否定人，都是不可取的。

5. 提出正确做法

在批评别人时，大多数人往往是把重点放在指出对方错的地方，但是却不能明确地说明对的方法是什么。对方听了这样的批评后，只会觉得不服和反感。但是如果你在指出对方的失误之后，再诚恳地告诉他怎么做才是正确的，让他明白你不是在“指手画脚”，效果就截然不同了。

6. 不可反复批评

批评别人万不可反复批评，无休无止，因为当一个人受到批评时，心里已经很不自在了，如果再重复批评他，他会认为你总是跟他过不去，把他当反面典型看待。多一次批评，就会在他心里多一分反感与抵触。

7. 做好善后工作

有些人自尊心比较强，当遭受批评之后，有可能会情绪低落、自暴自弃，也有可能对你心存怨恨。所以，在批评之后，不要一批了之，弃之不管，而要做好善后工作，细心观察对方的变化，对他表示关心和体贴，有了点滴成绩，及时肯定；有了困难，及时帮助，让对方感受到你的批评是为他好，他才会甘愿接受批评，改正不足，你的批评也才能收到应有的效果。

交际箴言

人生在世，孰能无过？即使别人真的有错，你在批评时也要顾及对方的自尊与感受，注意分寸和场合等问题。这样才能显出你的宽容与威信，也才能使对方心悦诚服地接受批评，修正错误。否则，即使对方感到自己有错误，也会强词夺理，或者拂袖而去，弄得不欢而散。

让忠告听起来更顺耳

忠告，对于帮助他人和建立真诚的人际关系，起着难以替代的重要作用。反过来讲，不能给予他人忠告的人不是真诚的人，这种人不会将自己的真实感受告诉对方。因此，我们应该欢迎别人给予忠告，更应该给别人以忠告。

然而，“忠言逆耳”，在生活中常见这样的情景，本来你是好意给对方提出忠告，对方却往往很不高兴。究其原因，就在于一般人容易受感情支配，即使内心有理性的认识，但仍易受反感情绪的影响而难以听进去。

有为别人着想的良好愿望还不行，还需要掌握一些基本的沟通技巧，你的忠告才会变得顺耳，别人也才会接受采纳。

1. 最好在私下进行

美国的罗宾森教授曾说："人有时会很自然地改变自己的看法，但是如果有人当众说他错了，他会恼火，更加固执己见，甚至会全心全意地去维护自己的看法。这不是那种看法本身多么珍贵，而是他的自尊心受到了威胁。"

这就告诉我们，在什么场合提出忠告十分重要。原则上讲，提出忠告时，最好以一对一，避开耳目，千万不要当着他人的面向别人提出忠告。因为提出忠告的时候必然涉及对方的短处，而每个人都有自尊心，被当众揭短时，情面上很容易下不了台，从而产生抵触情绪。在这种情况下，即使你是善意的，对方也会认为你是在故意让他当众出洋相。

所以，向别人提出忠告时，最好在私下进行，这样不仅有利于维护对方的自尊，不至于使对方陷入被动和难堪，也有利于营造一个相对宽松融洽的沟通氛围，从而有利于使你的忠告被采纳。而且，即使你的忠告不正确，也不会有损自己在公众心目中的形象。

2. 选择适当的时机

在对方感情冲动的时候不适合提出忠告。因为当对方在冲动状态下，理智起不到半点作用，他也判断不清你的用意。这时提出忠告，不仅不能解决问题，反而会火上浇油。因此，明智的做法是，等对方冷静下来再说。

另外，当对方很忙的时候，未必有耐心随时倾听你的忠告——尽管它们极具建设性。所以，你应当尽量选择在对方有空的时候去"进谏"，这样对方才会更容易接受你的忠告。如果不知道对方何时有空，不妨先给他写张纸条，然后请他安排时间。

总之，当向别人提出忠告时，你切记不要过于自作主张而忽视了对方周遭的人际环境以及时间安排。否则，对方必定会认准你是个麻烦制造者，从而不会接受你的忠告。

3. 先听对方的意见

在向别人提出忠告时，切忌不问青红皂白，便横加责难或一味强求，这样做常常会让对方感觉压抑，容易产生辩驳的欲望，也可能使你们的沟通进入僵持阶段。

所以，应该将自己的真实想法按下来不表，先聆听对方的意见，弄清整件事情的来龙去脉，然后再以“如果我处于你的位置……”“假如我是您……”这类话作为开头语，进而再提出自己的忠告。这就使对方感到你体谅他，确实在为他着想，他自然就会考虑接纳你的忠告。

如果你的忠告最终也没被采纳，不要因此变得愤怒或尖刻，要知道，你的目的是让对方妥善处理问题，而不是只听你一个人的指挥。

4. 忠告内容应简洁

人们大都对长的忠告感到不耐烦。因此，你所提出的忠告内容要简洁而突出重点。

如果你能在 1 分钟内说完你的忠告，对方就会觉得很愉快，而且如果觉得“有理”，也比较容易接受。即使对方不赞同你的忠告，你也不会浪费他太多的时间。

如果想再具体界定一下的话，那么最好将你的语速保持在每分钟 300 个字的标准，比这个标准低就显得过于缓慢。

倘若你在提出忠告的时候啰里啰唆，长篇大论，或先翻“旧账”，再予以责备，恐怕还未等你说到重点时，对方已经心生反感，不愿再听了。

5. 列举对方的优点

在提出忠告的时候不要把对方指责得一无是处，否则很容易引起对方的逆反心理——“既然我已经这样了，那就干脆一错到底。”最后反而不如不提忠告。

明智的做法是：可以多列举对方的一些优点，比如，你可以这样说：“你平时工作努力，表现积极，惟一的缺点就是想问题的时候草率了一点。如果你思考问题再慎重些，就很有前途了。”用这种口气跟对方说话，对方会备受鼓舞，很容易地接受你的忠告。

交际箴言

“良药”太苦容易引起不适反应，忠言“逆耳”也常会使人产生抵触情绪。因此，女人在向别人提出忠告时，切忌言辞激烈、咄咄逼人，而应该采用和风细雨、循循善诱的方式，这样你的忠告听起来才顺耳，也才利于别人采纳遵行。

第五章 女人要有眼力，看清谁能成为你的朋友

什么样的人是你的真命天子，什么样的人可以托付终生？什么样的人给带来的是福？什么样的人给你带来的是劫？从别人的一个小习惯、一个小细节就可以识别其为人。只有掌握识人之道，女人才会打造出成就自己事业的人脉。

用立体的眼光识人

在认识人、辨别人既是一件难事同时又是一件大事的情况下，女人必须走出用有色眼光看人的误区，用立体的眼光，从多角度、多时段、多层面看人，这样才能避免是非不分、贤佞不辨，才能做到心明眼亮、慧眼识人！

“曹瞒老去不解，误认孙郎作阿琮。”这就是说，曹操老了时真是糊涂，错把大有作为的孙权当作了毫无作为的刘琮。其实，在识人的问题上产生误区，又何止曹操一人？就是孔子这位鼎鼎有名的大圣人也在识人上产生过过失。

据古书记载，宰予是孔子的学生，此人善言词，能说会道，很得孔子的信任，后来事实证明，宰予说的和做的差距很大。而子羽作为孔子的另一个学生，只是在容貌方面显得很丑，孔子不喜他，于是不得已而退学。

后来事实证明，他是个品学兼优的人。

后来，孔子发现自己在识人问题上的过失时说，“吾以言取人，失之宰予；以貌取人，失之子羽。”这就告诫后人：根据言语识别人，就会因为信任宰予这样的人而犯过失；根据容貌识别人，就会因为不能任用子羽这样的人而犯过失。

苏轼诗曰：“横看成岭侧成峰，远近高低各不同。不识庐山真面目，只缘身在此山中。”即俗话所说的“灯下黑”，只有跳出这个圈子才能看到事物的全貌。

那么，怎样用立体的眼光看人呢？

1. 看言谈举止

观察对方的言谈举止是严谨检点、彬彬有礼，还是粗言秽语、举止轻浮，然后再经过自己的综合分析，把握其本质特点。同时，要注意从横向与纵向两个方面来观察。前者是说要观察对方在与各种人交往、遭遇各种事情时的言谈举止；后者是说要有一段时间的观察，比如1个月、2个月、半年、1年等。因为仅通过一两次的观察，很难完整地了解一个人，必须要经过一段时间，从动态的方面去把握对方，才会形成完整的印象。

2. 看外在特征

人虽是矛盾的结合体，但其属性是相对稳定的，可以通过一些外在特征反映出来。比如：看一个男人的品味，要看他的袜子。看一个女人是否养尊处优，要看她的手。看一个人的气血，要看他的头发。看一个人的心术，要看他的眼神。看一个人的身价，要看他的对手。看一个人的性格，要看他的字写得怎样……

3. 看朋友圈子

古语说："物以类聚，人以群分。"既是现代人平常所说的"圈子"，其实也就是这个概念，兴趣爱好相同或相近，有共同或相似特征的人更容易聚集在一起。从这一点上可以得到人品的相关信息。如果对方的朋友一个个都是彬彬君子或纯情淑女，那么他也不会错的。但是如果对方的朋友全是些逢场作戏的高手，你可就要对他加以提防了。

还有一点需注意，一个人结交一些异性朋友也不是坏事，这有助于他理解异性的特点，也表明他具有与异性交流的能力。但如果对方只有异性朋友而没有同性朋友，在交往中就需要引起重视了。

4. 看过往经历

要看一个人过去有没什么挫折经历能够证明其"逆

商”，有没什么行为记录能证明其诚信，有没什么创举能证明其能力，有没什么成就能证明其价值？当然更关键的是，要看一个人对自己过去所作所为的态度，是敢做敢当，还是敷衍塞责？

5. 看现时表现

现在进行时是一个人最真实、最鲜活、最丰富的一面，关键要看其日常工作、学习和生活的态度是否端正，习惯是否良好，看其工作是否实在，学习是否认真，生活是否简单，时间是否珍惜？看其如何看待过程和结局，如何看待自我和他人？看其人生观、价值观和世界观是否真实？

6. 看未来发展

看未来发展，就要看一个人未来发展的定位与方向，看一个人的思想能量和行动轨迹……“学校里有两种学生，一种成绩名列前几名，他可能回校当校长；一种成绩名列后几名，他可能回校演讲。”这是克林顿回母校的演讲词。他是当年学校里的差生，谁能看出他是块当总统的料呢？

交际箴言

要想看清一个人的本质，必须走出识人的误区，勿以有色眼光看人，而应以立体的眼光，从多角度、多时段、多层面审视一个人，这样才能避免是非不分、贤佞不辨，才能做到心明眼亮、慧眼识人。

读懂身体语言隐藏的含义

实验证明，一个人向外界传递信息时，只有8%是通过语言传递的，另外的37%是通过声调、语气来表达，剩余的55%是通过肢体语言等信息来传达的。在传达信息时，肢体语言是人们下意识的举动。姿势是无声的语言，人们的身体语言虽然各具特色，而且这些姿势大都是无意识中显现出来的，但是从这些肢体语言中，却能读出人的心理活动。

你会“破译”别人的肢体语言吗？

也许你会很爽快地回答：“我可以啊！”但同时你的目光会立刻移开，眼珠开始左右飘浮，并且不自觉地改变了身体的姿势，又用手抹抹自己的额头。你觉得对方该如何解读你这一系列的肢体语言呢？

是的，到此或许你应能理解，为何心理专家认为肢体语言往往比口语沟通内容更具可信度。换句话说，一个人要想用口头语言掩饰他的内心容易，但肢体符号却往往会出卖他。

1872年查尔斯·达尔文在《人和动物情感表达》中就提出了“能读懂肢体语言无论对学习和工作都很有用”的观点，当然后来查尔斯·达尔文开始了肢体语言的更全面的研究。

还有研究发现，人与人之间交流时，所传递的信息中，7%来自于说话内容、38%来自于音量、音调、韵脚等声音因素，还有55%来自于表情、动作等肢体符号。而且因为一个人肢体语言通常是一种下意识的举动，而深藏在大脑中的潜意识是很难伪装的。

的确，不管一个人如何巧舌如簧，他的身体不会说谎。所以，女性朋友在解读他人心意的时候，不要只听对方说了些什么，更重要的是应有意识地观察对方的肢体语言，才能够较为真实地洞悉其内心，也才能够及时调整自己的沟通方式，使双方的沟通顺利地往下进行。

1. 眉目的动作语言

“眉目可传情”，眉毛的抖落或上扬、眼皮的张开或眯起、瞳孔的扩大和缩小都能流露出奇妙复杂的眉目语。

眉毛上扬，瞳孔放大，眼睛很有神，表示惊恐或惊喜时，即人们所谓的“喜上眉梢”。

眉角下拉或倒竖，眼睛圆瞪，表示愤怒、不满，即通常所说的“剑眉倒竖”、“杏眼圆睁”。

眉头皱起，目光专注，表示不悦、不赞成或者是表示关注、思索。

眉毛迅速地上下跳动，眼睛也连续眨动，这是情绪兴奋激动，对某事物感兴趣的表现，有时也被视为不诚实、不敢正眼直视的表现。

2. 嘴巴的动作语言

嘴巴除了用来说话以外，还可以摄取食物，并进行呼吸，当然嘴巴的动作形式也非常丰富，嘴巴所表现出来的一颦一笑往往都会成为一个人心理状态的反映。

如果在紧抿嘴唇的同时，还有意避开他人的目光，那么他的紧抿嘴唇，表示此人意志坚决。心中极有可能有不愿透露的秘密。

嘴唇常不自觉地张着，呈现出倦怠疏懒的模样，说明他可能对自己，对自己所处的环境感到厌烦。

撅嘴，则是不满意别人的行为，甚至有准备攻击对方的暗示。

嘴角稍稍向后拉或向上拉，表示此人正在认真的倾

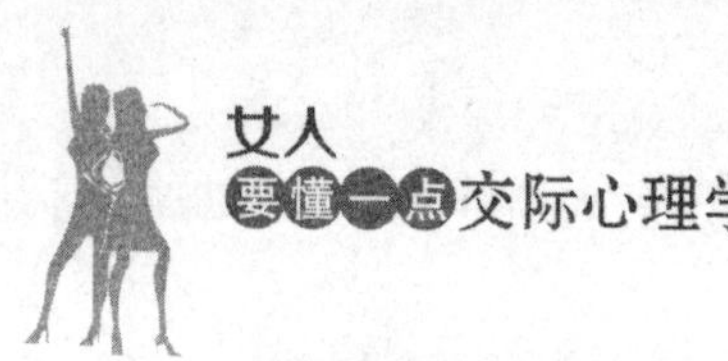

听对方说话。

咬嘴唇，表示一个人正在自我解嘲或者感到内疚，因为这是一种自我惩罚的行为。

嘴角向下拉，表示对对方的不满，也是一个人固执的表现。

说到嘴的动作，很容易让人想到吸烟。在日常生活中，不同的吸烟的姿势也在不经意间流露出一个人的心理和情绪状态。

将烟朝上吐，表示这个人很积极且非常自信，因为采用这种姿势吸烟，人的身体是出于昂首挺胸的状态。相反，如果将烟朝下吐，则表示这个人情绪消极、意志消沉或者有很多疑虑。

烟从嘴角缓缓吐出，表示此人思绪烦乱、心境复杂、思维曲折，似乎正在努力的理顺自己头脑中杂乱无章的思想，因为这种吸烟的姿势给人一种消极而诡秘的感觉。

斜仰着头将烟从鼻孔吐出，给人一种悠闲自得的感觉，表示此人很自信，而且有优越感。

在吸烟的过程中，不停地抖烟灰，表示此人内心矛盾重重或焦躁不安。

让烟燃着而很少抽，表示吸烟者在紧张思考或等待紧张情绪的平息。

没抽几口就把烟掐灭，表明吸烟者想尽快结束谈话或已下定决心。

3. 四肢的动作语言

四肢包括上肢和下肢，我们可以利用自己的四肢动作来传递自己的思想，也可以通过分析别人的四肢动作来判断对方的心理活动或情绪状态。

把手放在后脑勺上，表示此人有辩论准备。

用手拍脑袋，往往是一种自责的信号。

用手挠挠耳朵或轻揉耳朵，表示不想再听对方说下去。

用手轻轻抚摸下巴，表示此人正在思考如何做出决定。

用手指轻轻触摸脖子，表示怀疑对方所说的话或不同意对方的看法。

用手挡住嘴或稍稍触及嘴唇或鼻子，表示此人想把自己内心真实的想法隐藏起来。

用手托腮，并用中指顶住太阳穴，表示此人正在仔细斟酌对方说的话，当然这一行为也有向对方暗示自己觉得无聊，想放松放松了。

用手指或铅笔敲打桌面，或在纸上乱涂乱画，表示

此人对正在谈论的话题不感兴趣，甚至感到无聊和不耐烦，或者不赞同对方提出的看法。

用手仔细清除衣服上看不见的污渍，表示此人不同意对方看法，但又不愿说出来。

将双手互搓，可分为两种：搓手速度很快，证明对这件事比较有把握；如果搓手速度比较慢，证明对这件事没有多大的把握。

将双手外摊，双肩微耸，表示无可奈何之意。

双手握拳，是小心谨慎，情绪有些不佳的表现，但也可能是一种挑畔的表现。

两手手指并拢放置于胸脯的前上方呈尖塔状，表示此人对自己充满信心。

两手重叠放在胸腹部，表示此人比较谦逊、矜持，或者带有一丝的不安。

两手叉腰，表示此人对自己的处境或正在处理的事情已经做好了心理上和行动上的准备，给人以胸有成竹感觉，同时表示此人有以势压人的优势感和支配欲。

手臂交叉放在胸前，有时是因为觉得很冷，有时是因为过分地紧张或害羞，但这一动作也可以理解为：此人对对方所提出的看法产生一种莫名其妙的威胁感，甚至不想再继续听下去。

叉开腿站着，说明不自信，紧张而不自然。人在一个陌生而不舒适的场合多半爱这么站着。

收紧脚踝站着，说明处于愤怒中，很想发火，正在千方百计地控制自己。

摇动足部，或用脚尖拍打地板，或抖动腿部，都是情绪不稳定或焦躁、不耐烦的表现。

4. 腰腹部的动作语言

腰腹部位于人体的中央部位，其动作带有极为丰富的含义。

弯腰鞠躬有谦逊或尊敬之意。但有时也暗示此人感觉不如对方的心理，甚至在害怕对方时，也会不由自主地采取弯腰的姿势。

腰板挺直，颈背部保持直线状态，表示此人正处于情绪高昂、充满自信、自制力较强的状态。相反，双肩无力地下垂，凹胸突背，腰部下塌，表示此人有疲倦、忧郁、消极、被动、失望等消极的情绪。

挺起腹部，表示此人充满自信并感觉很满足；蜷缩抱膝，则表示此人正处于不安、消沉、沮丧等情绪的之中，甚至有自我防卫的心理。

解开上衣钮扣而露出腹部，表示对当前的事态已经胜券在握，或已经放松了对对方的戒备之心。

腹部起伏不定，表示此人正处于兴奋或者愤怒状态之中；如果腹部极度起伏，给人以呼吸困难的感觉，则表示此人的兴奋和激动的状态即将要爆发了。

轻拍自己的腹部，是在向别人展示自己的风度和雅量，同时也反映出了此人自鸣得意的心情。

重新系一下皮带，暗示此人正在振作精神、迎接挑战；而放松皮带则表示此人已经放弃了努力以及斗志，有时也表示此人想放松一下自己紧张的心情。

交际箴言

事实上，由于任何一种肢体语言都可能有多种意味，因此，在“破译”他人的肢体语言时不能孤立，而应综合地去理解，才能够较为真实地洞悉别人的真实意图和内心世界。

从眼睛看清他人的心理

眼睛可说是脸部最富有表情的器官，也是最容易泄漏秘密的地方，人类深层心理中的欲望和感情，首先就反映在眼神上。眼神的集中程度、活动方向等都能表达不同的心理状态。所以，读懂人的眼神便可知晓人的内心状况。

通过眼神解读人心善恶的方法自古就有。春秋战国时期孟子就这样说过："存乎人者，莫良于眸子。眸子不能掩其恶。胸中正，则眸子了焉；胸中不正，则眸子眊焉。"可见一个人的眼睛完全可以透视一个人的内心。

但是国外有位知名作家却将人类的"眼睛"定义为直径大约 2.5 厘米的器官，这不像在说我们富有灵性的眼睛，倒像在解释人类发明的摄影机。眼球中具有感光功能的角膜就含有约 1.37 亿个细胞，它们可以将从外界收到的信息通过视神经传送至大脑。眼角膜中的这些具有感光功能的细胞，通过亲密合作可以同时处理150万个信息。因此人们的每一个回目、每一次眨眼，都在向别人传达着万千思绪，人们的每一个眼神都是内心丰富的情感的表达，都在透露着自己内心深处的秘密。

现代研究也发现：眼睛是大脑在眼眶里的延伸，眼球底部有三级神经元，就像大脑皮质细胞一样，具有综合分析能力，而瞳孔的变化、眼球的活动等，又直接受脑神经的支配。所以从科学的角度上说，眼睛完全可以反映出一个人的情感世界和内心想法。

1. 观察眼神的集中程度

这是指观察对方是眼神四射，不知究竟是在看什么地方，还是眼神凝定，专心一致在看着自己。这些表现所代表的意义是各不相同的。

当对方是男性时，如果他眼神四射，神不守舍，完全不看着你，便表示对你不感兴趣或无亲近感。如果你们正处于交谈中，则说明了他对于你所说的话已经没有兴趣了，甚至已经感到厌倦了。这时你最好赶紧结束你现在的话题，即使再说下去也不会有效果，或找个借口告退，或寻找新的话题，谈一些他感兴趣的事。反之，如果他的眼神凝定并注视着你，则说明他对你感兴趣或者有好感，非常乐意和你谈话，并有意与你做进一步的沟通。

但同样的情况发生在女人身上时，此意义就大不相同了。因为，当女人凝视对方时，往往表示她不愿意将自己内心的真正想法传达给对方。有心理学家做过关于对视的实验，实验分男女两组。实验结果表明，受测者在被指示隐藏内心真实的想法时，男性注视对方的时间会降低，女性反而提高。

因此，当你发现一位女人注视你的时间过久时，你不防思考一下：她是不是对自己隐藏了什么？

另外，透过眼神的集中程度还可识别一个人的性格特征。美国的一位比较心理学家理查·格西曾做过这样一个实验：观测“自闭证”患儿注视陌生的成年人的时间。他将成年人分两组，一组，蒙着眼睛；另一组，不蒙眼睛。让自闭症患儿分别与两组成人见面，结果发现儿童注视前者的时间是后者的三倍。实验中还发现，当儿童与成人四目相对时，儿童会立刻移开视线。由此可以推断，性格内向的人一般都不愿意注视对方。

2. 观察眼神的活动方向

如果你在谈话中发现对方的眼神上扬，那你最好马上结束你的话题，退而求接近之道。这种眼神表示他已经不想再和你谈下去了，不管你说的如何生动、理由如何充分、说法如何巧妙，都不能提起对方的兴趣了。

如果对方的眼神下垂，甚至连头都不愿抬起，则说明他心事重重，甚至非常痛苦。这时你可以说些安慰的话，然后马上告退，多说无益。因为这时不管你向他说得意事还是痛苦的事都只会加重他的痛苦。

如果对方的眼神斜瞥，则可能是鄙视、看不起你。不过，也有例外，当一个人想看清对方，却又不愿让对方知道自己的想法时，也会用斜视来偷看。比如，在一次聚会上，一位年轻貌美的女性突然出现，在场几乎所有人都把目光投向了她，但有位年轻的男士却把脸转到了另一边。难道他对这位美女不敢兴趣吗？当然不是，这其实是一种自制行为，他想通过这种方式来压制自己兴趣。如果这位女性的魅力太强了，他便会用斜视来偷看。

眼神的方向还与职位高低有关。当然，职位越高，眼神也会越高。开会时，领导的眼神会不由自主由高处发出，并直接投射下来。而下属呢？即使没有做错任何事，但眼神却常常由下而上仰视领导，总是显得那么的软弱无力。由于职位高的人为保持对下属的威严，而采用俯视的姿态，而下属则因为敬畏领导而仰视。

3. 读懂眼神流露的情感

如果对方的眼神横射，仿佛有刺，表明他对你异常冷淡，如果你想和他交往下去，就应该用心研究他对你冷淡的原因，再谋求恢复感情的途径。

如果对方眼神阴沉，你要明白这是凶狠的信号，你与他交往，须得小心一点，或许他已经有了向你出击的准备了。如果你不想和他分个高低，那么你最好马上鸣金收兵。

如果对方的眼神流动异于平时，有可能是他胸怀诡计，你万不可轻信他的甜言蜜语，这有可能是钩上的饵，是糖衣炮弹，这时你就要格外小心了。

如果对方的眼神似在发火，便可表明他此刻是怒火中烧，戾气极盛。这时你应该马上借机避开，千万不要逗留，即使一会儿也不行。等对方冷静下来之后，再与其心平气和地交流沟通。因为步步紧逼，只会让事态更加严峻，甚至出现正面的剧烈冲突。

如果对方的眼神恬静，面有笑意，说明他此刻的心情很好，或对于某事非常满意。如果你有求于他的话，这是让他满足你愿望的最好机会。

如果对方的眼神呆滞，唇皮泛白，说明他此刻正处于一种惶恐万状、六神无主的状况，你应该热情而真诚地给予他（她）信心与帮助。

综上所述，眉目确实可以传情，在人的眉目之间可以传递信息，进行交流，因为人的每一个眼神都会产生奇妙复杂的语言。只要你用心参悟，必可发现你想要的信息。

交际箴言

眼神是心灵之窗，心灵是眼神之源。人的喜、怒、哀、乐都能从微妙变化的眼神里真实地流露出来。古罗马诗人奥维特曾说："沉默的眼光中，常有声音和话语。"因此，只要用心观察眼神，并力争学会读懂各种眼神，生活工作中定可事半功倍。

言为心声，言语推断出秉性

“察言”是透视他人心理，识别他人个性、品行必不可少的一个环节。如果女人不注意“察言”，就不能准确地探知他人的真实意图，也不能真正认识他人的真面目，而很可能被他人所蛊惑，所蒙骗。

有道是“言为心声”，从语言中能反映一个人的内心世界。孔子这样说过：“不知言，无以知人也”，意思是说在和人相处时，如果没有听到他言谈，很难说此人是一个什么样的人。但与其经过几次谈话后，通过言谈，我们就会对此人的行为、性情有一个大致的了解。

丽丽朋友的公司想从一家公司挖一个销售主管过来，但对方要价是年薪 50 万。但朋友不知道花这么大的代价值不值，因此犹豫不决。

一天，朋友找到丽丽说：“丽丽，你帮我看看，他是不是值 50 万的年薪。”

丽丽说：“那好呀，你把他请出来，我们一起吃一顿饭就可以啦。”

“只要摸清他的底细，一顿饭没问题。”朋友爽快地答应了。

于是，朋友捎上丽丽，在一家餐厅和那个主管见了面。

……

吃完饭，和那个主管道别后回他们到车上，朋友问丽丽：“这个人靠谱吗？”

“可能是个水货。”丽丽回答说，“在饭桌上，我问他凭什么在公司的获得良好的销售业绩，但他只是敷衍而过，并没有说出自己的营销方案。”

“作为一个销售精英，人家可能是不愿泄露自己的销售机密。”朋友说。

“不可能吧。”丽丽说：“我问他为什么要跳槽的时候，他说和上司不合，这不是在泄露他们公司的机密吗？”

“可能是今天他酒喝多了。”朋友说，“你可是两斤红酒不醉的人呀。”

“他确实喝多了，你看他满口牢骚，还猛说上司的坏话。”丽丽说，“我很难看到这个人是个有才有德的人。”

“我再多了解了解吧。”朋友说。

后来，经朋友进一步了解，发现对方公司老总是他的姐夫，之所以在原单位取得不错的业绩，是因为姐夫的照顾。后来，姐姐和姐夫离婚了，缺少了姐夫的照顾，他在公司也呆不下去了，所以想跳槽。

“你凭什么看透了这个家伙？”朋友后来问丽丽。

丽丽笑了笑说：“你呀，生意做得大，书读得不多。多揣摩对方的心理，就可以从他的言行上判断这个人了。”

俗话说，察言观色，当然识别一个人的关键在于听其言。因为言辞不仅反映了一个人的品格，还可以让你知道这个人的地位、性格、品质以及内心情绪。

语言的运用大致目的有两种，一是表情达意，二是对于内心的隐藏作用。现实中，人们语言的目的往往是二者并举。我们认识一个人，首先是要分清其言语成分的真假，从其真话中直接去判定这个人，从其假话中能辨别其内心的真实想法，这样，就可以从语言上来考察一个人。

老子有一句名言是：“知者不言，言者不知”，这是口才中的智慧，更是通过言语对于人本质的判言。在这里，我们可以理解为“知者不言，言者不知；知（智）者不言，言者不（智）。意思是说聪明的人一般不随便说话，而随便言语的人大多都没有什么真知灼见。古语“知”可当“智”用，老子用“言”与“不言”给我提供了识人依据。

“知者不言，言者不知”，稍微有些修养的人都深知言多必失的道理。那么，我们怎样判断一个人是否“言者不知”呢？清代的吴敬梓给了我们一个词语叫“夸夸其谈”，其意思可以用来对于说话者“知与不知”的判断。说话人把事情夸大了，添油加醋，把难的事说得很容易，这就说明他对自己的所说的事了解不全面，他肯定不会掌握做好事情的关键。因此，喜欢高谈阔论的人往往是无知的，更有浮夸的本性。

交际箴言

言为心声，一个人心里怎么想，嘴巴就怎么说。嘴上说的，就是刚才想的；刚才想的，就是下面要说的。想与说，思维和表达，相互之间交流传递，循环往复。言辞不仅反映了一个人的品格，还可以让你知道这个人的地位、性格、品质以及内心情绪。

察看表情的"晴雨表"

俗话说："出门观天色，进门看脸色。"面部表情是人心理活动、情绪变化的晴雨表，它可以把高兴、悲哀、痛苦、畏惧、愤怒、失望、忧虑等情绪状况迅速、充分地表现出来。

因此，在与人交往时，女人万不可对别人脸上的表情视而不见，而应该多份心，注意察看对方的表情变化，以快速地获悉对方的真实情感，并做出有效的反应，这与老猎人靠看云彩的变化推断天气的阴晴雨雪是一个道理。

有位女记者去某足球队采访，一进门，发现休息室气氛沉闷，教练铁青着脸，双眼圆睁；队员们耷拉着脑袋，垂头丧气。她赶紧退了出去，取消了这次采访。后来，这位女记者打听到，球队刚刚在比赛中吃了败仗，正在怄气。倘若当时她不注意察看教练的面部表情，不识趣地硬去采访，一定是不但不会有什么收获，而且还

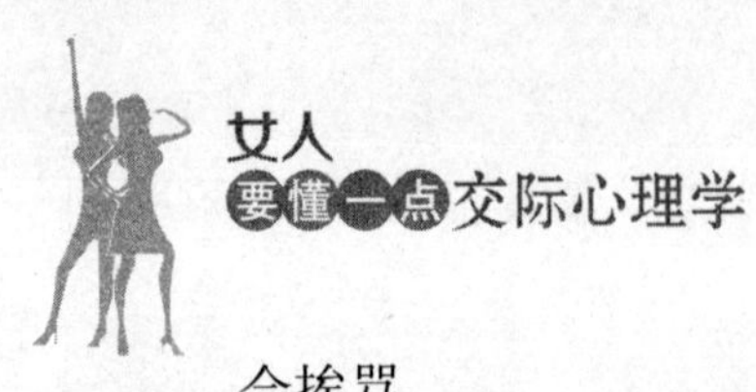

会挨骂。

大伟的妻子在单位和同事闹了别扭，虽然尽量克制，但回到家后仍是满脸的不高兴。大伟回家后，并没有注意到妻子生气的表情。结果，当他和妻子谈到一件事情而意见不一致时，没说几句话，两人就吵了起来。

假如大伟善于察颜观色，发现妻子表情与以往不同，采用安抚忍让的态度，细心开导，不仅不会和妻子吵起来，而且还会给予妻子以心灵的抚慰，加深夫妻之间的感情。诸如此类，不胜枚举。

人类的心理活动非常微妙，但这种微妙常会从表情里流露出来。倘若遇到高兴的事情，脸颊的肌肉会松弛，一旦遇到悲哀的状况，也自然会泪流满面。可以说，每一个想要拥有良好人际关系的女人，都应该善于察颜观色，善于察觉别人的表情变化并做出有效的反应。

不过，有些人比较内敛，善于掩饰自己，他们在外人面前从不喜怒形于色，相反是“笑在脸上，哭在心里”。有鉴于此，女性朋友在察看别人的面部表情时，还需注意以下两方面的问题：

1. 没表情不等于没感情

在日常生活中，也许你会发现有些人不管别人说了什么，做了什么，都是一副无表情的面孔。其实，没表情不等于没感情，因为内心的活动，倘若不呈现在脸部的筋肉上，那就显得很不自然，越是没有表情的时候，越可能使感情更为冲动。

例如，有些下属不满上司的言行，只是敢怒不敢言，只好故意装出一副无表情的样子，显得毫不在乎。但其实，他心里的不满很强烈，如果你这时仔细地观察他的面孔，会发现他的脸色不对劲。碰到这种人，最好不要直接指责他，或者当场让他难堪。最好这样说："如果你有什么不满，不妨说出来听听！"这样可以安抚下属正在竭力压抑着的情感。

但是这种时候也不宜说话过多，避免正面交锋，而应另择时间，开诚布公地与下属交换意见，这样就可以比较圆满地解决与下属的这种低潮关系，上司的好形象就树立起来了。

2. 脸上在笑，心里在哭

满天乌云不见得就会下雨，笑着的人未必就是高兴，愤怒悲哀或憎恨至极点时也会微笑。通常人们说的"脸上在笑，心里在哭"正是这种情况。

人们之所以会“脸上在笑，心里在哭”，通常是因为有难言的苦衷，所以只好将苦水往肚子里咽，脸上却是一副甜甜的样子，一防他人过问，二防影响他人的情绪。

而人们之所以要“愤怒悲哀或憎恨至极点时也会微笑”，往往是觉得如果将内心的欲望或想法毫无保留地表现出来，无异于违反社会的规则，甚至会引起众叛亲离的现象，或者成为大众指责的罪首，恐怕受到社会的制裁，不得已而为之。

交际箴言

女人不能只简单地从表情上判断他人的真实情感，还需要一步一步、扎扎实实地学习通过察言来透视他人心理活动和真实情感的技巧。

慧眼识别君子与小人

“宁可终岁不读书，不可一日近小人”。但大多数小人隐藏较深，很难被人轻易识破，又不象京剧中的脸谱，生旦净末丑，一目了然。女性朋友要想避免自己受到伤害，就必须用慧眼认清“小人”的丑恶嘴脸，识破“小人”的阴险招术，为自己构筑一道防火墙，以便做到防患于未然！

自然界的昆虫有益虫和害虫之分，人类同样也是良莠不齐，有“君子”、“小人”之分。在人际交往中，只要你留心观察便不难发现，在你的周围就有不少阴险“小人”。他们造谣生事、挑拨离间，甚至会在你的上司、同事或家人面前诬陷你、诽谤你，实在令人防不胜防。

生活中，人们对“小人”深恶痛绝。事实上，大到一个国家小到一个单位，只要有小人存在，就会“鸡犬不宁”。

然而，对大多数女性朋友来说，要分清谁是“君子”、谁是“小人”并不是一件容易的事。有些“小人”甚至还长得又帅又漂亮，有口才也有内才，一副大将之才的样子。

不过，“小人”还是可以从行为中分辨出来的。大体言之，小人就是做事做人不守正道，以邪恶的手段来达到目的的人，所以他们的言行有以下特征：

（1）喜欢造谣生事。他们的造谣生事都另有目的，并不只是嗜好。

（2）喜欢挑拨离间。为了某种目的，他们可以用离间法挑拨同事间的感情，制造他们的不合，好从中取利。

（3）喜欢拍马奉承。这种人虽不一定是“小人”，但很容易因为受上司宠爱，而在上司面前说别人的坏话。

（4）习惯于阴奉阳违。这种行为代表他们这种人的办事风格，因此对你也可能表里不一。比如，在他甜言蜜语地向你献策、“支招儿”的背后，常常藏着不可告人的企图。如果你真的听信了他的话，就成了天大的傻瓜！

（5）天生的势利眼。谁得势就依附谁，谁失势就抛弃谁。

（6）善于做面子活，别人做事，他领功。

（7）落井下石。只要有人跌跤，他们会追上来再补一脚。

（8）恶人先告状。

事实上，小人的特征并不只有这些，总而言之，凡是不讲法、不讲情、不讲义、不讲道德的人都带有“小人”的性格。

当分辨出了险恶“小人”后，你并不能立即断绝与他们的往来，因为人是群居的动物，无法脱离社会而生活；尤其是在交际场上，更无法避免和许多人产生互动。为了和这些“小人”“相安无事”，在与他们“共事”时还要讲究以下几个原则：

（1）不得罪他们。一般来说，“小人”比“君子”敏感，心理也较为自卑，因此你不要在言语上刺激他们，也不要在利益上得罪他们，尤其不要为了“正义”而去揭发他们，那只会害了你自己！自古以来，“君子”常常斗不过“小人”，因此“小人”为恶，让有力量的人去处理吧！

（2）保持距离。别和“小人”们过度亲近，最好是敬而远之，否则他们会这样想“你有什么了不起”？于是你就要倒霉了。

（3）小心说话。当和“小人”交谈时，说些无关紧要的话就好了，如果谈了别人的隐私，谈了某人的不是，或是发了某些牢骚不平，这些话绝对会变成他们兴风作浪和有必要整你时的资料。

（4）不要有利益瓜葛。“小人”常成群结党，霸占利益，你千万不要想靠他们来获得利益，因为你一旦得到利益，他们必要求相当的回报，甚至会粘着你不放，想脱身都不可能。

（5）吃些小亏无防。“小人”有时也会因无心之过伤害了你，如果是小亏，就算了吧，因为你找他们不但讨不到公道，反而会结下更大的仇。所以，原谅他们吧！

交际箴言

对于女性朋友而言，要想避免自己受到伤害，就必须认清“小人”的丑恶嘴脸，慧眼识破“小人”的招术，为自己构筑一道防火墙，以防患于未然！

第六章
人际关系没有空间限制，主动拓展你的人际关系

在现实生活中，很多人缺少朋友，这是由于他们在人际交往中总采取消极的、被动的退缩方式。但，如果你总是不主动与人交往，就会失去很多交朋友的机会。因此，如果想拓宽你的人际关系，就必须学会主动去交往。

付出友爱才能收获友谊

对朋友付出其实是在做情感储蓄，也许你一辈子都不会动用它，但它却会使你的内心感到难以言喻的快乐和满足，同时也可以加深彼此的情谊。

友情的基础是互惠。不可否认，商人之间友情的基础，是利益上的互惠；挚友之间友情的基础，是心灵上的互惠。在现实生活中，有的人却错误地把友情的基础建立在利益的互惠上，这样的人交友时，总考虑对方能有什么利用价值，与之交往会给自己带来什么好处，当对方能满足自己的要求、为自己提供便利时，便与之形影不离，仿佛情深义重；而一旦对方没有了利用价值，或者遇到麻烦时，便推诿责任，退避三舍，甚至落井下石。这实在是一种自以为聪明的愚蠢。这样做的结果，无疑是在向别人表明：他是多么无情无义，又是多么无耻。以后当别人与之交往时，必然会小心提防，以免他故技重演。

爱因斯坦说："世间最美的东西，莫过于有几个头脑和心地都很正直且严正的朋友。"真正的朋友把友谊之情理解为知心的倾诉，情感的宣泄，温暖的安慰，愉悦的同享，希望的共勉，疑虑的消解和劝告的真诚，只有真正的朋友才能给予我们以情感的寄托。

我们给予朋友的，必须是友爱。我们对给予的结果必须负起责任，同时又要尊重对方。如果我们给予的方式，在有意无意中伤害到对方的自尊心，给予就丧失了它的意义，结果也必然不愉快。比如，长辈为了晚辈好，才指出晚辈的错误，但如果过分，就会变为辱骂，得到的结果是敌意和反抗。朋友、同事也常因过激的言辞带来怒目相向，从而破坏了和谐的关系。

给予是没有条件的，有条件的给予是世故的，与真正的友谊无关。为了讨好别人而露出笑容，虽然你也在表达亲切，但因为缺乏真诚，而显得生硬、勉强，令人厌恶。同样地，心中有所要求，才给予对方好处，对于真正的友谊没有实质益处，甚至会因更多的渴求，而变成贪婪的操纵。

无论给予的内容是什么，不外乎使用语言、姿势、表情和行动为手段。给予的行为态度，会影响给予的内容和品质。古人尚且不食嗟来之食，不礼貌、不尊重的赏赐，对方即使接受，也不会感激。要注意平常的言行态度，因为它也是我们给予的一部分。

1. 主动问一声："需要我帮忙吗？"

当一些同事或朋友在工作和生活中遭遇困难的时候，千万不要袖手旁观，主动上前问一声："需要我帮忙吗？"然后，力所能及地提供帮助。在有些时候，你只是付出一句问候的话，也会令对方感动和信心倍增。

2. 多赞美朋友

积极发现朋友的优点和长处，及时加以赞扬，就是一个崭新人际关系的开始。赞扬的要领是心里想到时就马上说出口，也就是要及时。你不必担心自己的赞扬会被朋友看成嘴甜、讨好朋友。

当然，你也没有必要强迫自己赞扬朋友。这里需要你发自内心地赞扬，真诚地表白，让对方知道你此时的心情。当你学会真诚而坦率地赞扬朋友时，你就会建立起和谐融洽的人际关系。

3. 在交往中要知道别人的需求

对朋友真诚地感兴趣，要留意朋友的需要，找出他需要什么，是物质上的还是精神上的？这样，在你方便的时候，可以帮对方一点小忙。只要他感受到了你的热心，在你遇到困难时，他就会帮助你排忧解难。

你不妨记住："你给别人需要的，他们也会给予你所需要的。"如果你没有付出了解的心，你就无法跟朋友愉快相处，无法跟朋友正常进行沟通，工作进展可能会变得缓慢。另外，你也无法和周围的人发展更深刻、更亲切的人际关系。

交际箴言

事实上，愿意为朋友付出时间和心力的人，一定会赢得朋友的尊重和信任。记住，当你向朋友付出的时候，不仅仅是帮助了朋友，同时也会提升你的价值。

准确找到交际的切入点

在交际中，一个好的切入口对交际的结果起着非常重要的作用。人们是否愿意成为朋友或什么时候能成为朋友，刚开始接触的4分钟至关重要。那么，在开始接触时，怎样成功地找到交际的切入点呢？

1. 抓住交际的最初 4 分钟

当你新到一个地方，与素不相识的人见面，必定会给对方留下某种印象，这在心理学上叫做“第一印象”。第一印象的由来主要是通过观察对方的表情、姿态、仪表、服饰、语言、眼神等方面，进而在自己审美的基础上留下的零碎、肤浅，却非常重要的印象。心理学研究发现，在先入为主的心理影响下，第一印象往往能对人的认知产生关键作用，而人的第一印象就形成于初次见面的最初 4 分钟。

2. 努力寻求亲近和认同

一个人是否招人喜爱，要看他能不能获得别人的认同，看他怎样恰到好处地适应别人的情感需求。

（1）关心他最亲近的人。每个人都有自己最喜欢亲近的人，如果从关心他最亲近的人入手，往往能事半功倍。

（2）在他心中建立“同胞”意识。“同胞”意识也就是亲情意识。人们对自己人都格外亲切和照顾。在《三国演义》里，刘备与关羽、张飞义结金兰，建立起了“同胞意识”，以致后来关、张二人对刘备忠贞不渝。在交际的开始阶段就与对方建立“同胞意识”，能使对方把你当自己人看待，你们的关系也能急剧升温。

（3）助他一臂之力。热心地帮助他人最能博得别人的好感。在他人有困难时，伸出你的援助之手，这样被帮助的人会对你感激不尽，以后你有事时也一定能得到他的鼎力相助。

（4）温暖的对待他人。朋友或同事之间吵架了，谁也不理谁，这段时间是交际的冰点。假如有一方能首先打破僵局，向另一方表示歉意，就会使对方在惊愕和愧疚中认同他，从而化敌为友。交际的冰点就成了成功交际的切入点。

3. 满足对方的心理需求

人们在交往中都有几种共性心理，如果能针对人们的心理采取适当的交际方针，对症下药，就能取得满意的交际效果。一般人们都有被赞扬心理、成功心理、炫耀心理、自信心理、年轻心理、共趣心理、尊敬心理、好胜心理等共性心理，而把满足对方的心理需要做为交际的切入点，是交际活动取得成功的捷径。

（1）赞扬法。人人都渴望得到他人的赞美，适当而真诚的赞美能激发人们积极的情绪，使人更愿意与欣赏自己的人交往。

（2）激励法。人人都希望自己努力完成的工作受到肯定，这种成就心理如果能得到激励，就能引发他的感激和报偿心理。因而在交往中，把握住这个人性特点，你能很快走进别人的心。

（3）求教法。人们对自己的能力或多或少地有一些自豪的感觉，那么采取向他们求教的方法是个很不错的交际切入点。

（4）欣赏法。人对于自己喜爱的事物或认定的事情往往抱着打死也不更改的心态，他们不愿意接受来自他人的指正。所以，如果你对他喜爱的事情表示赞赏，那么你就能很快与他打成一片。

（5）降岁法。人们都希望在别人面前表现自己青春、有活力的一面。所以，在交际时采用降岁法能满足人们的年轻心理，从而打开交际的方便之门。

（6）投合法。人们都喜欢和志趣相投的人在一起，找到与他人的共同爱好，就容易找到交际的切入点。

（7）问候法。尊敬他人是一个人素质和教养的体现。要想得到别人的尊重，首先要尊重别人。在交际中，主动问候他人就是最便捷、最简单地表达敬意的交际行为。

（8）退让法。适当放弃自己的既得利益，明智地做出退让，很好地满足了对方的好胜心理，从而也能让对方产生一种被尊重的心理。

交际箴言

当你在社交场合遇见陌生人，你应把注意力集中在他身上4分钟，很多人的生活因此而改变。

多结交比自己优秀的人

在自己所拥有的人际关系里，女人往往会和与自己地位相仿的人打成一片，但是你往高处走，就要学会与比自己优秀的人互动。

美国有一位名叫阿瑟·华卡的农家女孩，在杂志上读了某些大实业家的故事，很想知道得更详细些，并希望能得到他们对后来者的忠告。

有一天，她跑到纽约，也不管几点开始办公，早上7点就到了威廉·亚斯达的事务所。

在第二间房子里，华卡立刻认出了面前那体格结实，长着一对浓眉的人是谁。高个子的亚斯达开始觉得这女孩有点讨厌，然而一听女孩问他："我很想知道，我怎样才能赚得百万美元？"他的表情便柔和并微笑起来。俩人竟谈了一个小时。随后亚斯达还告诉他该去访问的其他实业界的名人。

华卡照着亚斯达的指示，遍访了一流的商人、总编辑及银行家。

在赚钱这方面，她所得到的忠告并不见得对她有所帮助，但是能得到成功者的指引，却给了他自信。她开始仿效他们成功的做法。

又过了两年，这个20岁的女孩成为她学徒的那家工厂的所有者。24岁时，她成为一家农业机械厂的总经理，为时不到5年，她就如愿以偿地拥有百万美元的财富了。这个来自乡村粗陋木屋的女孩，终于成为银行董事会的一员。

华卡在活跃于实业界的67年中，实践着她年轻时来纽约学到的基本信条，即多结交有益的人。会见成功立业的前辈，能转换一个人的命运。

年轻的男女都能直率地表达崇拜英雄的心意。可是年纪一大，就以为不可不将这种心意隐藏起来。但是隐

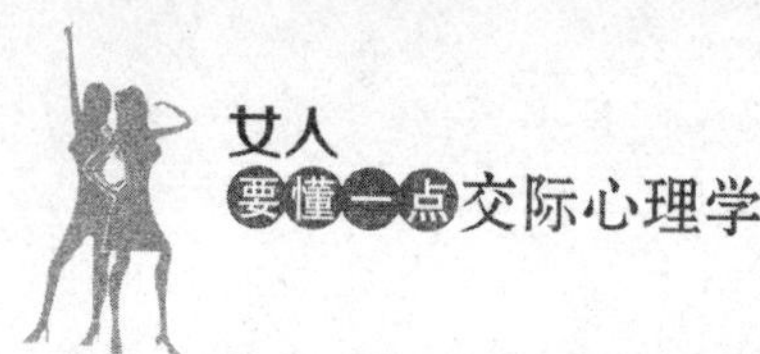

匿崇拜英雄的心意是错误的。应当与你所崇拜的人亲近，这才是良策。这不但能使对方感到高兴，而且会鼓励你，增加你的勇气。

怀特是美国印第安纳州小乡镇上的铁道电信事务所的新雇员。16岁时他便决心要独树一帜。27岁他当了管理所所长。后来，先是西部合同电信公司经理，接着成为俄亥俄州铁路局局长。

当他的儿子上学就读时，他给儿子的忠告是："在学校要和一流人物结交，有能力的人不管做什么都会成功……"

你也许会觉得这句话太庸俗。但请别误会，把有能力的人作为自己的榜样并不可耻。朋友与书籍一样，好的朋友不仅是良伴，也是我们的老师。

大多女性朋友之所以在交际中失意，就是因为不善于和前辈交际。第一次世界大战中法兰西的陆军元帅福煦曾说过："青年人至少要认识一位精通世故的老年人，请他做顾问。"

萨加烈也说了同样的话："如果要求我说一些对青年有益的话，那么，我就要求你时常与比你优秀的人一起共事。就学问而言或就人生而言，这是最有益的。学习正当地尊敬他人，这是人生最大的乐趣。”

不少女人总是乐于与比自己差的人交际，这的确很值得自慰。因为在与这样的人交往时，能产生优越感。可是从不如自己的人当中，显然是学不到什么的。而结交比自己优秀的人，能促使女人变得更加成熟。

交际箴言

要与伟大的朋友缔结友情，跟第一次就想赚百万美元一样，是相当困难的事。这原因并非在于伟人们的卓尔不群，而在于你自己容易忐忑不安。

主动寻找“伯乐”

“我已经在公司待了三年，老板却还不晓得我的才华在哪里？在他眼里我好像只是一个花瓶，真令人沮丧！”

“我拼了老命在替公司赚钱，主管却天天看我不顺眼，不是抢走我的功劳，就是把我的功劳平分给大家，真令人泄气！”

……

为什么女性朋友会面临这么多不如意的状况呢？为什么女性在主管的眼里就是得不到足够的重视？为什么女性的工作机会和受赞扬的程度会差男性很多？实事求是地说，这些状况是存在的，而其中起主要作用的恰恰是女性天生的性格或外在教育所形成的观念，毕竟，不是每一个主管或老板都有性别歧视，但大多数的女人却总是习惯了被动，习惯了等待，习惯了默默无闻！

如果你一味地孤芳自赏，觉得自己付出一定会有回报，只要努力就会有结果，不懂得主动向老板或主管推销自己，积极表现出自己的才能，那么，你最终所获得的不但不会尽如你意，甚至还会对你的事业发展造成极大的障碍。

小雨是从事企业标志设计的，她从自己的设计中总能够获得足够的满足与自我肯定，所以，她在工作时一向努力，常常为了一个设计几天几夜地泡在工作台上。

不过，小雨是一个偏于内向的人，非常不善于表现自己，只会默默地做许多工作，甚至是一些对她来说引不起任何兴趣与激情的工作；在老板面前，她也不愿意主动显露自己的特长与才华，更不会努力去争取自己所感兴趣的东西。

也许正是因为这个原因，对于公司的每次成功，老板总会认为，这是整个设计部努力的结果，却丝毫没有注意到小雨作为总体设计人员所起到的作用。

在这样愤懑的情绪之下，小雨向老板提出了辞职。在老板询问她原因的时候，她心中积压了好久的不平终于倾泻而出，她把自己的能力、才华和自己对公司所做出的贡献向老板和盘托出。

在讲述的过程中，小雨的情绪虽然有些激动，不过，由于她一向内向的性格使然，所以她的语言并不是特别激烈，且条理分明，恰到好处地让老板了解到了她的立场。

所以，老板终于意识到了问题所在，他不但以高薪挽留住了小雨，还在两个月后正式晋升了小雨的职位，让小雨终于能够心甘情愿地留在公司了。

从小雨的经历中，我们不难看出，一味被动地等待他人的发现是多么愚蠢的想法！特别是对于你的主管乃至老板而言——他们的头脑中不知有多少事要考虑，有多少关系要处理，你勤恳的工作态度他们固然不会完全视而不见，但若指望他能够切实明白你的真正需要，肯定你的敬业精神，那可能就是天方夜谭了。最关键的是，你的事业之路也会因为这个你主动寻找的“伯乐”而走得更为平坦且顺利！

阿玲是公司的新进职员，自进入公司的那天开始，她就一直默默地干着份内的和份外的工作。

早上，别人还没到，阿玲就已经开始打扫起办公室，然后，在同事们面前的办公桌上，各放上一杯她沏好的茶或咖啡，而办公室里的那几个人竟然也渐渐理所当然地消受起了这样的服务，很多需要跑腿的活儿都扔给了阿玲。

晚上，当其他人飞快地奔向电梯回家的时候，阿玲却不言不语地开始收拾一天下来凌乱的办公室，然后再坐下来加一个班，完成当天的工作或为明天的任务做准备。

这样的工作安排是辛苦而忙碌的，但阿玲并没有因此跟人到处抱怨，或向主管告状，她知道，自己作为新人，有些闷亏是必须吃的。不过，这并不代表阿玲就甘愿就此沉默下去，她一直都在寻找能够适时表现自己的机会。

这一天，公司召开一个业务会议，老板在会上提到了一个关键数据，但现场所有人都一头雾水，没有人知道这个确切的数据。

就在这时，阿玲不慌不忙地发言了，不仅将数据阐述得准确清晰，更加进了自己的一些独到看法，结果，阿玲赢得了所有人的佩服，更赢得了老板赞许的目光。

事实上，这是阿玲辛苦了一个晚上的成果，早在昨天开会的时候，她就听到老板提到了相关的问题，她因而知道这个数据对公司相当重要，而很多人又并不清楚，所以，她知道自己找到了一个绝佳的表现机会，且凭借的是自己的实力和努力。

阿玲就此成为了老板心目中踏实肯干的优秀员工。没过多久，老板提拔阿玲做了这个公司里重中之重的设计部主任。阿玲后来居上升职成功，踏实肯干和适时表现自己为她打造了坚实的事业根基。

当你们在现实复杂的人际关系中跌宕起伏，在事业上冲刺拼杀时，其实早已不再需要恪守古老的惯性定势

了，你应该尽情地发挥自己内心的潜能，学会并善于去当一个主动的人——主动表现、主动要求、更要主动寻找你事业上的伯乐！

交际箴言

一个人固然能凭自己的本事打出一番天地，可是没人赏识你，那还有什么用呢？我们一定要得到伯乐的赏识且要去主动寻找伯乐展现自己，让人们发现自己，这样才可能有更大的发展空间。

第七章
遵守交往规则，不要踩到人际的雷区

人际关系中有许多误区，这些误区往往会成为你交际上的壁垒，所以，在人际交往过程中，我们要学会反省，这样你才会走出误区，成为交际达人。

男女之间交往要有底线

生活中，女人总少不了和一些男性朋友交往，彼此不是恋爱关系或一般的朋友关系，而是成了推心置腹的好朋友。何以如此呢？原因有二：一是因最初的动机。男女之间的相识，并非都为了爱情，更多的是因为工作关系、生活关系，由相遇到相识，由相识到相知，成为挚友。二是因清醒的理智。轰轰烈烈、如火如荼的恋情总是在征服与被征服之间结束，而飞蛾扑火的结果可能最终是形同陌路，甚至视若仇敌。

当今社会的多元化也注定了男人和女人关系的多元化。男女之间有些适合组成家庭，有些却只适合做纯粹的朋友。大家不难发现，现实生活中的男女除了征服与被征服之外，还有欣赏与被欣赏。相互欣赏是一种和风细雨、温柔婉约的境界，是那种相距 5 米之外保持敬意的行为，如能进入这种境界，当然能维系友谊的地久天长。

另一方面，男女之间的朋友情谊，包含着一系列美好感情：相互有好感、愿意在一起、信得过、相互关心、乐意互助、肯为对方分忧、为对方“慷慨解囊”、甚至可以“两肋插刀”……这些美好的感情本身就包含着爱慕。在这种友谊的土壤里，很可能萌发爱恋的种子。当两个人倾心畅谈触及最深层的情感时，在心灵感受被关怀的同时，一份依靠的感觉也许会产生……所以女性在与男性交往时，要熟悉男女之间交往的底线。

女性朋友在工作中经常能遇到对自己有好感的男性，但并不适合发展恋爱关系。怎么办？若置之不理吧，两个人还有业务往来，关系不应该闹得太僵。那么，如何把握这个度才会既不伤害别人，也不引起不必要的误会呢？

不少男士在和某个女性交往一段时间后就觉得“我们俩这么好，无话不说，我又时时刻刻关心爱护你，跟我谈恋爱应该是早晚的事”；可是女方通常不会这么想。她们总觉得一旦两个人做了那种“把窗户纸给捅破了的事”，今后就没有办法在一起工作或生活中再面对对方了，而且这种关系必定会伤及无辜。况且，这种边缘的交往绝非医治心灵创伤的灵丹妙药，也不是填补感情空虚的救命稻草或是报答对方帮助的无价礼物。所以男人切忌迈过这道门槛，女人则应该谨慎把握两性交往的分寸，不要给对方留下幻想的空间。

女性在社交活动中和男性交往要注意几个事项：

（1）不宜过分亲昵。过分亲昵不仅会使自己显得太轻佻、引起对方的反感，而且还容易造成不必要的误会。

（2）不宜过分冷淡。过分冷淡会伤害男方的自尊心，也会使人觉得你高傲无礼、孤芳自赏。

（3）不必过分拘谨。在和男性的交往中，要该说就说，该笑就笑，需要握手就握手，需要并肩就并肩，扭捏作态反而使人生厌；反之，过分随便也不好，男女毕竟有别，有些话题只能在同性之间交谈，有些玩笑不宜在异性面前开，这都是要注意的。

（4）要有幽默感。太严肃叫人不敢接近、望而生畏，但也不可太轻薄。幽默感是讨人喜欢的，而过分地故意出洋相，就适得其反了。

由此可见，男女之间可以不受性别交往规矩的约束，成为闺中密友、钢铁哥们，可以敞开心扉，畅所欲言。但两性之间有些事情是有底线、不可逾越的。

交际箴言

男女之间可以有纯粹的朋友关系存在，但是必须要有个度。常言说得好："物极必反，热极生风。"彼此之间保持一定的距离，纯真地交往，这样的朋友才能保持一世。

不做男人的"红颜知己"

红颜知己，曾经是一个让人产生无限遐想的名词，美丽出众可称之红颜，善解人意才算得上知己。这四个字不知蕴涵了多少美丽的爱情故事：才子佳人的红袖添香，英雄美女的生死相随，痴心儿女的两情相悦……即使不能长相厮守，也是魂牵梦绕；即使爱到心碎，也是无怨无悔；即使无名无分，也是心甘情愿。

一个红颜知己，比花解语，比玉生香，是古代风流文人给予所钟爱女子的最高称谓。而对于女人而言，她们心底一直都珍藏着一份不食人间烟火的浪漫情愫，能成为心爱男人的红颜知己，曾经是她们的渴望，她们的荣耀。

新的时代里，“红颜知己”被赋予了新的内涵，成为一种新式男女关系的代名词：比友谊多一些，比爱情少一些，成为在妻子、情人、朋友之外的所谓“第四种感情”。

男人和女人之间有没有纯洁的友谊？这个问题曾引起过很大的争论，讨论双方各执一词，谁也不能说服谁。若没有纯洁的友谊，也许就有着不纯洁的“友谊”，于是便派生了“红颜”、“蓝颜”之说，友谊被抹上了几分暧昧的绯色。

现代有人如此界定红颜知己：“做红颜知己最重要的是恪守界限。给他适可而止的关照，但不展现深情，不让他感到你会爱上他的威胁，也不让他产生爱上你的冲动与热情，这是做红颜知己的技巧……做红颜知己的全是些绝顶智慧的女孩，她们心底里最明白：一个女人要想在男人的生命里永恒，要么做他的母亲，要么做他永远也得不到的红颜知己，懂他，但就是不属于他……”

然而，真正绝顶智慧的女孩子恐怕永远不会去做这样的“红颜知己”。

现代女性生命中不乏各种异性，在亲情、爱情之外，她也懂得培养与异性之间的友情，可以约在一起聊聊天，互诉生活中的烦恼事，却不要做别人的“红颜知己”。因为，“知己”是个很危险的身份，就像在悬崖边跳舞，稍微向前一步，就会玩火自焚、粉身碎骨。

不管人们如何为这样的“红颜知己”辩护，其身份却始终不尴不尬：她与妻子不同，妻子能够理直气壮地拥有整个男人，与其相依相伴一生；她也与恋人不同，男人与恋人彼此需要，合则聚不合则分；而“红颜知己”扮演的始终是个编外、替补角色，她恪守自己的本分，不能与男人相守也不可相伴，在男人需要倾诉的时候，她需带着盈盈的微笑耐心聆听，做他烦恼的垃圾桶。她的兰心蕙质，她的温言软语，是他烦恼时的救命稻草。红颜知己是最了解他的人，却永远也不能介入他的生活。相对妻子得到的永恒温馨，红颜知己获得的只是一份虚无的荣耀。

所以说，所谓的“红颜知己”，只不过是男人最美丽的欺骗，也是女人对自己最美丽的谎言。

现代女性敢于勇敢地质问男人：凭什么在有了一

个“当你卧病在床与痛苦激战的时候，拉着你的手慌张无措泪流满面，怕你痛、怕你死，恨不得替你痛、替你死”的老婆后，还要有一个“理解你，愿为你默默分担，让你灵魂不再孤寂，令你欣慰”的红颜知己？情感付出虽然永远是个不等式，但是不等也是有个限度的，女人如果足够聪明，就不会让自己的付出没有任何回报。

想想看，病痛时，他可以当着很多人的面，与自己的妻子上演一出患难夫妻相濡以沫的悲情好戏，泪里带笑，无所顾忌秀恩爱。而红颜知己却只能站在一个阴暗的角落，在心底默默地为他祝福，自己却不能有任何的表示。即使一个关怀的眼光，一句可心的话语，也要顾忌来自四面八方投射过来的现实的残酷。

付出了所有的柔情，女人得到的是什么？既不能像恋人一样在风雨过后在他怀里撒泼赖皮，也不能像妻子一样夜里 10 点时理直气壮地催着他回家。

想想看，你只能给他适可而止的关怀，却不能展现深情；你不能提及你的牵挂、你的焦虑、你的气恼，永远不能提；你也不能无拘无束地陈述自己的故事，将自己的生命和他的生命连接在一起，既不能彼此相爱，又不能真实拥有对方。

完全的无限期的付出，不能求任何回报的奉献，聪明的现代女性绝不会如此为难自己，把生命的一部分交付给一个“不相干”的男人。若明知是个无底洞，还一厢情愿地往里面跳，这样的“红颜知己”不做也罢。有如此的情怀，还不如一心一意地用来经营自己的生活，收获实实在在的幸福。

交际箴言

女人，切莫为了“红颜知己”的虚名而贻误终生。做红颜知己最重要的是恪守界限。但是，聪明的女人要明白，当你成为一个男人的“红颜知己”时，你所要付出的远远比你得到的多得多。懂得珍惜女人的男人，是不会自私地要一个优秀的女人做自己的“红颜知己”的。

聪明的女人工作驰骋自如

人们常说的一句话是女人是感性的，男人是理性的。这句话虽然有些绝对，但也不是没有道理。在大多数场合下，多数的女人在处理事情时，总是感性多于理性。但在现代人际关系交往中，如果你经常发脾气、掉眼泪，那么不仅会让周围的人无所适从，而且还会对自身造成不可避免的损失，更会被归结为心理承受力差和性格软弱，认为你经不起大风大浪的侵袭，难以担当重大责任，最终对事业造成极大的影响。

艳红是一家大型企业的高级职员，她的能力和才华在公司里是有目共睹的，无论是工作能力，还是文字水平，均是堪称一流的人才，这一点连她的上司也是给予充分肯定的。艳红的性格热情大方、率真自然，颇受同事们的欢迎，深得上司的喜爱。但也就是这率真和不加掩饰的性格，在某些时候竟然也成了她事业发展中的致

命伤！

最近一段时间，上司对一位无论是资历还是能力和业绩都不如艳红的女同事特别关照，也没见她干出什么出色的业绩，总是磨磨蹭蹭的，却总是好事不断，什么提职、加薪等好机会都有她，一年之内竟然被“破格”提拔了两次，让人很是羡慕。

艳红心里越想越难受，为什么自己工作干了一大堆，也创造了十分亮眼的业绩，却不被提拔呢？她怎么也想不明白，真是又气又急又窝火。为此，艳红的工作情绪一度受到影响，陷入低落状态。

这时，一个平常和她关系不错的同事，见到艳红这副沮丧的样子，便告诉了艳红她的看法，她认为艳红之所以会出现目前的状况，虽然原因是多方面的，但最主要的一条，就是艳红犯了人际交往中的大忌——太情绪化了！

听了同事的劝告，艳红有些醒悟。其实，艳红也想让自己“老练”和“成熟”起来，然而，一碰到让人恼火的事情，她就是控制不住自己的情绪，尽管事后觉得自己有失理智，但当时就是不能冷静下来。

久而久之，艳红在公司里备受冷落，同事们也不敢轻易同她来往了，艳红的事业陷入了彻底的困境之中。

类似艳红这种情绪化的反应，可以说是女性朋友最容易出现的一大弱点，据调查，有80%的人认为，性别已经不再是制约女人晋升和发展的瓶颈，而性别给她们自身带来的种种性格上的弱点——情绪化，现已成为她们职业发展的最大障碍。

女人一定要学会坚强，因为人际关系不相信眼泪，你可以有情绪，但发泄时一定要远离办公室，特别是要远离上司。

在很多人看来，姗姗是一个相当出色的女人——聪明、漂亮、有上进心，做事力求完美，但是，和她真正接触过的朋友，或和她一起工作过的同事们都十分清楚，她有个毛病就是爱哭！

有一次她辛苦设计了一个月的方案，本以为一切就要完事了，但方案中一篇重要稿件却被上司给否定了。姗姗头一次碰到这种状况，立刻蒙了。接下来，全办公室的人都被姗姗响亮的哭泣声惊呆了——姗姗大雨滂沱地足足哭了10分钟！从此，姗姗便不再受欢迎。

假如你有心要成就一番事，就千万不要在别人面前亮出你的底牌，要学会控制你激动的情绪，不要乱发脾气，不要轻易掉眼泪，要懂得“伪装”自己的心情、掩饰自己的表情，要勇敢地去面对失败和压力。只有这样，你才能赢得同事和上司的认可，你才能顺利开展你的工作，你才能为自己赢得那片深邃湛蓝的事业天空。

交际箴言

眼泪和脾气是女人的天性，这无可非议。但这对于女人的工作是没有好处的，眼泪只能是让别人在私下里对她产生同情，而在工作上则会对她失去信任，如果遇到一点小小的困难，就发脾气和流眼泪，而不能够坦然面对，别人也会对你的能力产生怀疑。

不合群是女性心灵的野兽

现代社会的很多工作都需要同事之间配合，打团体战，不善于与人交往的女人往往不善于与人合作，只能单打独斗，不能利用别人的资源，因此完成相同的工作，付出的努力和压力就要比其他同事大得多。

不合群的女性往往有以自我为中心的特点。这并不是说她们愿意这样，有很多人也很渴望能像那些交际明星一样“会说话”，但是长期的封闭，使她们不了解别人的心理和情感，说起话来往往只能从自己的角度出发，这就使她们很难与别人建立真正良好的人际关系，而只能感到“我巴结别人还巴结不上”，并陷于尴尬的境地。

不合群的女性在人与人交往中经常会感到被伤害。她们往往非常敏感，带着个人未处理好的情结来到群体，希望别人像呵护温室里的花朵一样呵护她。但这种期望是不现实的，她们一旦在人际关系上碰壁，就会更加退缩，还会感到别人伤害了她。其实别人可能没有故意伤害她，只是她自己不接纳自己，从而感到别人也不接纳她，时间长了，就没有人愿意和她交往，这也是让她感到有“压力”的原因之一。

不合群的女性往往很高傲。凡是那种过于高傲，自己拿自己当回事的人肯定不会有什么人缘。而那种“冷若冰霜”的人更会把同事拒于“千里”之外。这类人缺乏亲和力，不合群，不容易接纳别人。

不合群的女性不轻易接受别人的意见。这类人做事都很认真，有时，就一句话的表达、一个词的选用都要费半天劲琢磨来琢磨去。可当她做的这项工作不符合要求，别人善意地提醒她该怎样做的时候，她却总是表现出“用得着你来告诉我”、“你说的那点东西好像谁不知道”的态度。

工作中的合群性是与一个人从小是否过过集体生活、是否学到过怎样与人沟通有关。不善于与人沟通的职员往往从小就比较孤僻，家庭环境中沟通比较少，从未真正学会与人交往的艺术。这样的职员到了工作岗位，就会把在家庭中缺乏沟通的状态带到工作中，总是希望别人主动接近自己，自己却不会主动与人交流，时间长了，同事觉得他“不爱说话”，也就逐渐放弃了与他的交往，这时他又会感到被排挤，感到孤独，心理压力就会增大。

那么，不合群的女性朋友怎样做才能减轻压力呢？

1. 在人际交往面前不要逃避和退缩

要从生活中的点点滴滴学习人际交往的方法和技巧。

2. 在交往中不要对自己有完美主义的要求，不要太在意别人的看法

当你真正放松下来，你就会发现，别人很喜欢跟你交往，工作压力也会减轻

3. 必备5类密友

（1）慈母型。除了在参加约会时提供最基本的陪伴外，这类朋友更好的是：她明白这样的游戏规则：你谈论你的孩子，我假装着迷得很，然后我们再交换彼此的角色。这类朋友是不可或缺的，因为她值得女人信任和依靠。包括她能在家庭生活方面给予我们不少指导，甚至包括夫妻间最隐秘的私生活部分。

（2）事业密友型。这种类型的朋友可以帮助你洞察现实，从而对工作上出现的问题有一个正确的认识和判断。也就是说，假如你搞不清你的老板是在伺机给你穿小鞋，还是因为太忙而没能给予你足够的重视？不妨听

一下你这位朋友的意见。

（3）同党型：不管给乐趣下什么样的定义，女人总是需要有人和她一起分享。这是一种女人们刚刚开始认识的友谊。

（4）家庭密友型。有时你喜欢的女友会成为你所需要的朋友，仅仅因为你的丈夫似乎也和她及她的家庭相处融洽。四个互相欣赏的人聚在一起时会得到什么呢？一种真正的社交生活。

（5）知己型。这就是女人最热爱的朋友类型，他们会时常给自己肯定和赞扬，是女人保持自信的法宝。

4. 不以弱者自居

虽然现在大部分女性都展现出不弱于男士的工作能力，但仍有部分女性，总以弱者自居，在工作上不愿承担过重的责任，甚至推卸责任。尤其是与男性同事共同合作时，这种现象就更加明显。

敢于承担责任是女性表现自己能力的一项重要指标。仅仅能完成自己的本职工作是不够的，还要有承担责任的意识。动不动就把责任推给别人，自己只享受成果，这种做法会使自己在办公室不受欢迎。

5. 不乱发脾气

有些女性在工作时经常会发些小脾气，总觉得别人是针对自己。火气大的还常和领导及同事吵架，如果是为了工作也就算了，但有时就是为了些芝麻绿豆的小事纠缠不休。

现在的工作压力很大，工作时难免会有些情绪产生。但要注意绝对不能把情绪发到同事身上。在受到委屈时，不要无节制地吵闹，那样做不但于事无补，而且还显得自己非常幼稚。正确的做法是及时阐明自己的观点，以争取得到同事和领导的理解。

交际箴言

经常听女性朋友说工作压力大，做事不顺心，细问之后可以听到这样的心里话："在单位我不善于人际交往……"其实，这种感觉的工作压力大与"不合群"有一定的关系。

会爱比爱本身更重要

男人是千差万别的。俗话有“嫁鸡随鸡，嫁狗随狗”之说，鸡有鸡的爱好，狗有狗的脾气，就看你追求的是谁，对于脾气、爱好和秉性不同的男人，要关注于细节善于运用不同的方法去应付：

1. 追求健壮强悍的男子应表现出女性的温柔

健壮强悍的男人喜爱做运动，有坚强的意志，保护欲强，品质善良，非常孝顺。

结交这一类男士时，你首先应该多跟他聊天，让他知道你在注意他。这一类男士虽然外表强悍，但在异性面前比较害羞。你应适当表现出女性的妩媚，激起他的保护欲。对于他擅长的事情要多加称赞。

与他结识之后，可以一起出去玩。开始可能会与他的朋友结伴出去，这时应穿得靓丽一些，让众人眼睛一亮，但不要过于花里胡哨，以免与气氛不和谐。如果与他一起吃饭，要做出胃口很好的样子，以免他一个人对着一桌菜丧失食欲。

当你与他确定关系之后，要多与他家人联系，经常到他家坐坐，与他母亲聊聊天，这种男人是很听母亲话的。跟他在一起时，要突出他的高大形象，使他对你倍加呵护。

2. 结交羞涩的男人应鼓励他敞开胸怀

有一种男人，已到了谈情说爱的年龄，见了女人却比较羞涩，但内心实际上充满自信。这种男人一般文化程度较高，品味不错，但较内向。

结交这种男人，适宜表现得成熟一些。可以借与他讨论专业性知识的机会与他结交，既让他表现出自己的特长，又表现出你是有内涵的人。对他多说夸张性的话，他会认为你很讨人喜欢。

当他与你结识之后，如果他请你一同出去或约你单独吃饭，说明他已走出自卑，开始接受你。这时的你适宜在他面前表现出自己的品味，让他有遇到了“知己”的想法。

当你与他确定了恋爱关系后，要注意尊重他的自尊心，使他走出孤寂，生活充实起来，但不要凡事缠着他，给他不自由的感觉。

3. 对世故老成的男人应适当地冷淡

30 岁左右，世故老成的男人往往事业有成，善于交际，说话左右逢源，很讨人喜欢。

与这种男人结交时要费一些手段。因为这一类的男人一般来说结交的女性颇多，对女性心理十分熟悉，所以你不能让他看透你的心思。与他接触时少交谈，多凝视，使自己显得神秘一些。不要轻易说赞美他的话，即使赞美，也应话中带话，使他摸不着头脑。当他显示出对你的兴趣时，你就离开。

当他约你出去吃饭时，要客套地答应。一般地点会由他选，你只要在着装上注意高贵妩媚就可以了。他越是咄咄逼人地与你说话，你越是轻松地把他化解掉，他会对你十分着迷。

当你认为他已经爱上你时，在你们之间适当保持点距离，让他感到不能轻易得到你，这样，你们之间的主动权就掌握在你的手里。

4. 对重感情的男人应表现得像个圣女

重感情的男性比较靠得住，但容易对别的女人太好，他的朋友多，比较顾家。

结识这样的男人时，应表现出正经的样子，但不要太呆板，应该像圣女一样不容侵犯，但又非常随和可爱。

如果他请你出去赴约，你可提议到郊外野餐。这时可以带上自己做的小食品，穿得非常可爱，并显得很有情趣，这会使他对你兴趣大增。

当你们已成为情侣时，应该信任他，并不时地表示你爱他。你应善于表现女性的温柔，让他觉得你对他有依赖感。他如果向你求婚，最好不要马上答应他，让他对你有把握不住的感觉，这样将更有利于你们的结合。

5. 结交沉默寡言的男子应主动一些

沉默寡言的男子一般内心很有想法，但不善于表达自己，为人诚恳，一旦你得到他的心，他会始终如一地对你。

结识这一类男人时，女性应显得主动一些。比如说在聚会时主动与之攀谈，但不宜表现得太张扬，以免使他退却。应善于引出他的兴趣爱好所在，让他多讲，并适当地恭维他，他会认为你很了解他。

当你们的感情还不成熟时，不宜单独相处，应多参加朋友的聚会，在朋友的聚会中多与他交谈，使他对你产生依赖感。

当你们的关系渐趋明朗时，不要太在乎他有没有赞美过你，而要说出你对他的爱意，让他感觉得到，并用心体会他对你的感情。

6. 结交理想化的男人应顺从着他

理想化的男人是唯美主义者，有些不切实际，但这种人感情细腻、丰富。

初识这种男性时，可以引出一些话题来与他讨论，

让他尽情畅谈自己的观点，你要耐心地听，顺应他的观点，赞美他，表现出对他的爱慕。

当你们结识之后，你可以让他陪你去看艺术展，让他充分发表自己的见解，你的服饰应体现出温柔、美丽、楚楚动人的感觉。

交际箴言

在与他熟悉之后，要充分了解他的喜好，不要试图去驾驭他，而应在顺从他的同时给他母性的温柔。另外，男人想法中理想化的成份多一些，因此，应尽量少与他谈比较现实的事情。

“随和”但不可丢了“钢性”

随和，是一个人拥有高度修养与内涵的表现和升华，是高瞻远瞩，是宽宏大度，更是豁达潇洒外化……看起来这么美丽和实用的随和，似乎理所应当成为人人趋之若鹜的美德。于是，自懂事起，随和就成为了我们人生中一门必修的处世功课，以至于当我们走入社会、走入社会时，随和依然被我们奉若瑰宝。

很多女性往往因为这份感性的“随和”，而比男性更为在意周围人的看法，这虽然会使女性获得与男性不一样的灵动的直观感受，赢得更好的人际关系，但另一方面，一个不容人们回避的事实是：任何事都是过犹不及，如果你过分表现出女性的感性一面，表现出过度的随和、柔弱和谦让，那么，在你的事业发展中，你一定会遇到不小的障碍。

小薇是一家大型公司的公关部助理，由于工作性质的原因，她经常要和公司上上下下的人打交道，不过，由于她深知在大公司做事人际关系的重要和人言可畏的后果，所以，她为人一向比较随和，不喜欢争执，一开始就和同事们建立了良好的关系。

在平时的工作中，她处处留心、谨小慎微，对于同事所提出的所有创意和做法都表示赞同，更从来没说过任何反对的话；对每个人，她也都是有求必应，笑脸相迎，从来没有对周围的人说过一个“不”字，生怕得罪了同事或上司，生出什么枝节。

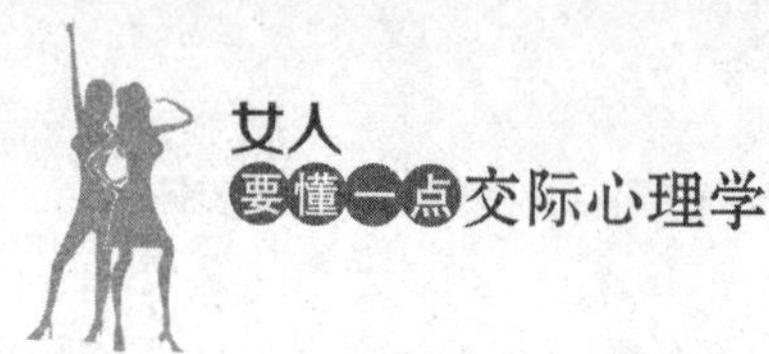

对于自己这样为人处事的方式，小薇本以为算得上是天衣无缝、无懈可击了，不但不会为自己带来麻烦，还会为自己赢得绝佳的人缘，可算是高枕无忧了。

可是，不知为什么，随着时日的推移，她却渐渐地成了办公室里最受冷漠的一个人，部门里每次讨论什么事情的时候，好像总是忘记了她的存在；同事们有什么聚会，也很少邀请她参加。

对此，小薇感到疑惑和委屈，因为她自感没有做错任何事，反而由于自己对别人有求必应，使自己在无形当中做了许多额外的工作，占用了自己的大量时间。她实在不明白，自己对他们这么好，难道他们一点都不记得，或者就没感觉到？

有一段时间，不知道为什么，同一部门的刘莉总是处处和她过不去，有时候还故意在别人面前指桑骂槐，合作时也都有意让她承担较多的工作任务。

虽然小薇对刘莉的态度满腹不平，不过，她仍然秉持着一贯的原则，尽量避免和刘莉发生冲突，她觉得既然大家都是同事，也就没什么大不了的，忍一忍也就算了。

直到有一天，小薇由于疏忽忘了把刘莉的工作报告交给经理，这使刘莉对她更加不满，忿忿不平地对其他同事说："你看小薇那样，真让人觉得虚伪，果然，她为了报复我，连这种小动作都使！"

有个同事赞同地点点头："是呀，小薇虽然看上去很好说话，跟谁关系都挺好，可却总让人感觉心里不踏实，她似乎跟谁都隔着一层，让人无法信任。"

另一个同事则公正地评价道："小薇可能也没那么坏心眼，不过，她确实让人感觉不到她有什么自我，她对什么事似乎都不会有不同的意见，也不会有不同的见解。让人琢磨不透啊！"

……

刘莉和同事背地里说的这番话，恰巧被小薇路过时听到，她这才恍然大悟：原来正是由于自己过度的"随和"，才使人感觉不到她与人交往时的真诚，从而给人以虚伪的感觉，让人不可相信；更是由于她过度的"随和"，让她虽然没有得罪任何人，但却失去了自我。

显然，小薇这种过度"随和"的为人处事态度非但不聪明，反而使其陷入了一种尴尬的境地。因为随和有的时候不仅仅意味着好说话，不挑剔；它更意味着迁就别人，没主见，没有追求，或者城府很深，让人无法知其心里到底在想些什么。

如果你对于工作、对于同事和上司过度“随和”，那只会给别人一种随便怎样都好的感觉，甚至让人感觉虚伪做作，像带了一层假面具。这样一来，又有谁愿意和你交心，有又谁敢和你交心呢？那么，身在群体之中的你虽然没有强大的敌人，恐怕也没有真正的朋友了！

交际箴言

请记住：过度“随和”并不是一种美德。你大可不必为了博得所有人的欢心而为难自己，只要本着个人的原则坦诚共事，就不失为明智之举。相反，你若执意把自己引入一个人际关系网络的误区之中，那么，你能否赢得真正的成功便成为一个问号！

第八章
交际有分寸，聪明的女人心里有谱

随着你的人际关系越来越广，它也就越发的复杂，如何学会经营好这些人际关系是必不可少的本领。只有掌握了这种本领才能让你始终保持在生活中、职场上游刃有余。

保鲜友谊要避免争论

被尊为圣贤的老子曾说过这样一句话“不争而善胜”，通俗地讲就是，避免争论是在争论中获胜的惟一秘诀。当然，这并不是主张唯唯诺诺、低三下四，在有的时候、有些场合，一个人应该为自己确信的真理和主张去和反对者争论，辨别是非。这种争论，有时还会发展到很激烈的程度。

但是，在一般交谈的场合，却要极力避免和别人争论，因为交谈的主要目的是促进彼此的了解，增进双方的友谊，是一种社交性的活动，而争论起来会很容易伤感情，与原来的目的背道而驰。尤其是作为女人，如果为了一些不痛不痒的小问题，就与他人争得面红耳赤，毕竟是一件有伤大雅的事。

那么，要想做到既不必随声附和别人的意见，又避免和别人争论，有没有两全的办法呢？答案是肯定的。

1. 尽量了解别人的观点

在许多场合，争论的发生多半由于大家只看重自己这方面的理由，而对别人的看法没有好好地去研究，去了解。如果我们能够从对方的立场去看事情，尝试着去了解对方的观点，认识到为什么他会这样说，这样想，就会使我们自己看事情的时候比较全面；同时也可以看到对方的看法也有他的理由。这样，即使你仍然不同意他的看法，但也不至于完全抹杀他的理由，那么自己的态度就可以比较客观一点，自己的评价就可以公允一点，发生争论的可能性就比较少了。

同时，如果你能把握住对方的观点，并用它来说明你的意见，那么，对方就容易接受得多，而你对其观点的批评也会中肯得多。而且，他一旦知道你肯细心地体会他的真意，他对你的印象就会比较好，他也会尝试着，去了解你的看法。

2. 重视共同之处

对方的言论中你所同意的部分，应尽量先加以肯定，并且向对方明确地表达出来。一般人常犯的错误就是过分强调双方观点的差异，而忽视了可以相通之处。所以，我们常常看到双方为了一个枝节上的小差别争论得非常激烈，好像彼此的主张没有丝毫相同之处似的，这实在是一件不智之举，不但浪费许多不必要的精力与时间，而且使双方的观点更难沟通，更难得到一致的或相近的结论。

解决的办法是，先强调双方观点相同或近似的地方，在此基础上，再进一步去求同存异。交谈的目的是在交谈中使双方的观点更接近，使双方的了解更深。

即使你所同意的仅是对方言论中的一部分或一小部分，只要你肯坦诚地指出，也会因此营造比较融洽的交谈气氛，而这种气氛，是能够帮助交谈发展，增进双方了解的。

3. 要尽量保持冷静

通常，争论多半是双方共同引起的，你一言我一语，互相刺激，互相影响，结果就火气越来越大，情感激动，头脑也不清醒了。如果有一方能够始终保持清醒的头脑和平静的情绪，那么，就不至于争吵起来。

但也有的时候，你会遇见一些非常喜欢跟别人争论的人，尤其是他们横蛮的态度和无理的言辞常常使一个脾气很好的人都不能忍耐。在这种时候，你若仍然能够不慌不忙，不急不躁，不气不恼的，将会使你能够跟那些最不容易合作的人进行有益的交谈。

4. 永远准备承认自己的错误

坚持立场是容易引起争论的原因之一。只要有一方在发现自己的错误时立即予以承认，那么，任何争论都容易解决，而大家在一起互相讨论，也将是一件非常令人愉快的事情。我们在谈话的时候，不能对别人要求太高，但却不妨以身作则，发现自己有错误的时候就立刻爽快地予以承认。这种行为，这种风度，不但会给别人很好的印象，而且还会把谈话与讨论向前推进一大步，使双方在一种愉快的心情之中交换意见与研究问题。

5. 不要直接指出别人的错误

长辈常常规劝我们不要指出别人的错误，说这样做会得罪人，是非常不明智的。然而，如果在讨论问题的时候，不去把别人的错误指出来，岂不是使交谈变成一种虚伪做作的行为了吗？那么，意见的讨论，思想的交流，岂不是都成为没有必要的行为了吗？

然而，指出别人的错误的确是一件困难的事，不但会打击对方的自尊和自信，而且还会妨碍交谈的进行，进而影响双方的友情。

那么，究竟有没有两全之道呢？你可以尝试用以下的方法：

首先，你不必直接指出对方的错误，但却要设法使对方发现自己的错误。

在日常生活中，大家交谈的时候，并不是每一个人都能够始终保持清醒的头脑和平静的情绪，许多人都有一种感情用事的毛病。即使是那些很愿意跟别人心平气和地讨论问题的人，有时也不免受自己的情绪支配，在思考与推论中，掺进一些不合理的成分。如果你把这些成分直截了当地指出来，往往使对方的思想一时转不过来，或是情绪上受了影响而感到懊恼异常。有时会引起他恶意的反攻，或者使他尽力维护自己的弱点，这都是对交谈的进行十分不利的。

反之，如果在发现对方推论错误的时候，你把自己谈话的速度放慢，用一种商讨的温和的语调陈述你自己的看法，使他能够自己发现你的推论更有道理的话，他也就比较容易改变原来的看法。

很多人都有这种认识：一个人免不了会看错事情，想错事情，假使他们能够自己发觉错误所在，他们就会自动地加以纠正。但如果是被人不客气地当众指出来，他们就会尽力去掩饰，尽力去否认，尽力去争执，因此为了避免使他们情绪激动，就不宜直接批评他的错误，不必逼他当着众人的面说“我错了”或者“我全错了”。但生活中有的人一看到别人犯了一点错误，就要把他死盯住不放，还加以宣扬，自鸣得意地让对方为难，这是一种幼稚的举动，是一种幸灾乐祸的态度，不是一种友好、与人为善的做法。

交际箴言

不要迫切地让别人接受你的意见，要争取长期和别人进行更多交谈的机会，让彼此在心平气和的讨论中，逐渐把正确的真理传播到彼此的心中。

与最亲密的人也要保持距离

女人之间的交往如果保持适当的距离，真诚地提出自己的意见，彼此就会更加欣赏，情谊会更加长久。距离可以产生美，只要稍加留意，就会发现此类的现象：某两个女人以前亲密无间，不分彼此。可是，突然间却翻脸为敌，不仅互不来往，而且反目成仇。何以至此？只因太过亲密了！

女朋友之间太过亲密，会让对方觉得很随便，或认为你缺乏独立生活的能力，凡事都要让别人替你思考。随后，她可能会认为你是“应声虫”，没有独立的人格与尊严。女朋友之间太过疏远，又会让人觉得你傲慢、离群，有些人还会认为你瞧不起人，不喜欢与她们相处，甚至是讨厌她们。

心理学家道格拉斯博士针对人际关系中的亲密与疏远的程度做了一项调查，得出了一个结论：男性之间一般都比较疏远；女性之间喜欢保持亲密关系；异性之间，若有爱慕之意则关系密切，否则一般较为疏远。性格孤僻的人，多与人保持疏远的关系；性格外向的人多与人保持亲密关系。再从社会地位来看，地位高的人之间关系较为疏远；地位低的人关系较为亲密。

人与人之间，只有保持适当的距离，才会有适当的人际关系，西方有一种“刺猬理论”对此可作解释。“刺猬理论”认为：刺猬浑身长满针状的刺，天一冷，它们就会彼此靠拢，凑在一起，但仔细观察后就会发现，它们之间始终保持着一定的距离。原来，距离太近，它们身上的刺就会刺伤对方；距离太远，它们又会感到寒冷。只有保持适当的距离，才可以既保持理想的温度，也不伤害对方。

“刺猬理论”给我们这样的启示：人与人之间假若距离太近了，就会刺伤对方。一般情况下，人与人密切相处当然不是一件坏事，否则怎么会有“亲密的战友”、“亲密的伙伴”、“如胶似漆的伴侣”等誉词呢？但是任何一件事情都不能过分，过分就会走向极端。俗话说，“过俭则吝，过让则卑”，就是这个道理。在现实生活中，这种“亲则疏”的现象是比较普遍的，这大概也可算作一条交际规律。因此，朋友之间不能过于亲密，上级下级之间不能太过亲密，否则就会造成彼此之间的伤害。

“刺猬理论”也告诉我们：人与人之间的距离假如太远了，就会感觉到寒冷。有这样一些人，他们自鸣清高、目中无人，这个也瞧不起，那个也看不上，自以为看破红尘，与任何人都不来往；有些人十分消极地觉得世间险恶，交际很虚伪，寻求一种世外桃源来隔绝人世尘缘，不愿与外界接触。假如这样，自己一定会感觉到孤独，更会留下终身的遗憾。

在朋友日常交往中，双方若表现出过分的亲密或纠缠不清，有时也会让人感到很不自在。在这样的情况下，理智的人会采取回避的方法，往往能获得独到的功效。

诸如你跟对方发生矛盾时，“回避”就能够免去不必要的情感伤害。我们周围有一部分人生性好强，对待这样的朋友，不必与其针锋相对，适当的“回避”可以使他有所清醒。

如果你被对方误解时，“回避”更可以显示出你的宽容。在朋友交往中，被别人误会的事经常发生。心胸狭窄的人往往会把别人的无意看成故意，甚至把好心也视为恶意。作为被误会的一方，大可不必当面斥责人家“狗咬吕洞宾，不识好人心”，也不必“破罐子破摔”，马上同人家“断交”，不如先把理挑明了，然后再暂时“回避”一下，过后再看一看对方是什么反应。假如说对方认识到了错误，你再同其“恢复关系”，经过小波折得到的友谊，一定会比从前更坚定。

“刺猬理论”的相处适度原则道出了待人处世的真谛，假如想要达到上面所说的境界，一定要做到以下四点：一是“不卑不亢”做人；二是“不歪不斜”立身；三是“不偏不倚”办事；四是“不亲不疏”交友。闺密间的相处也是如此，每个人都有不愿人知的小秘密，或者在心灵里某个角落不愿人碰触，作为女友，一定要把握好其间的亲疏尺度，用细腻的心思去理解和包容对方，从容呵护好你们的友谊。

交际箴言

最亲密的友谊和最强烈的憎恨，都缘于过于亲近。因此，在朋友交往过程中，还需要注意保持适当的距离。

建立融洽的同事关系

每个职业女性都希望与同事融洽相处，团结互助。她们深知，同事是和自己朝夕相处的人，彼此和睦融洽，工作气氛好，工作效率自然也就会更好。反之，同事关系紧张，相互拆台，彼此经常发生磨擦，就会影响到自己的正常工作和生活，影响到自己的事业发展。

但是由于当今复杂的社会心态，一些女性在初尝人间冷暖后，便发出了“涉世不易，同事难处”的抱怨，大有世态炎凉之慨叹。

其实不然，只要你能够按照以下的方法去做，就能轻轻松松地与同事建立起一种和谐、融洽的人际关系。

1. 要与同事真诚合作

俗话说："一个好汉三个帮。"在现代社会，竞争虽处处都在，但同事之间大都是为了一个共同目标而奋进。因此，在工作中要真诚合作、团结互助，做出更大的业绩，公司才会有更好的发展。公司有了更好的发展，大家才能获得更高的薪资待遇与更多的升迁机会。而如果公司的业绩上不去，得不到更好的发展，谁也别妄想有丰厚的薪水与升迁机会。

另外，在工作中，总有先进与落后之分，当同事在你之上时，千万不要心怀嫉妒，在工作中有意刁难对方；当你超越同事时，也没必要过分张扬，蔑视对方。否则容易招致同事的嫉妒，从而引来不必要的麻烦。

2. 不泄露同事的隐私

同事的个人秘密，当然就是带着些不可告人或者不愿让其他人知道的隐情。若是同事能将自己的隐私告诉你，那说明她对你有足够的信任，你们之间的友谊肯定要超出别人一截，否则她不会将自己的私密全盘向你托出。

但如果你不能把好"口风"，随意泄露同事的个人隐私，不仅辜负了同事对你的信任，而且一旦同事在别人口中听到了自己的私密被公开后，不要说，她肯定知道

是你出卖了她。如此一来，她肯定会怨恨你，仇视你，并会为以前付出的友谊和信任感到后悔。

可以说，不随意泄露同事的个人隐私是巩固职业友情的基本要求，如果这一点做不好，恐怕没有哪个同事敢和你推心置腹。

3. 牢骚怨言要远离嘴边

不少女人无论工作在什么环境中，总是怒气冲天、牢骚满腹，总是逢人就大倒苦水，尽管偶尔一些推心置腹的诉苦可以构筑出一点点办公室友情的假象，不过像祥林嫂般地唠叨不停会让周围的同事苦不堪言，他们会想，既然你对目前工作如此不满，为何不跳槽，去另寻高就呢？而且，一旦你的牢骚怨言被传到上司的耳中，你以后在公司的日子肯定不好过。

因此，就算是你性子直，就算你在工作上受了多大委屈，也不要把对工作上的意见或是私人生活上的事四处散播，而应该在大家面前谨言慎行，学会做个聆听者。

4. 切忌随意伸手借钱

同事间会经常聚餐游玩，这时最好的处理方法就是采用AA制。这样大家心里都没有负担，经济上也都承受得起。当然，如果遇到同事有了高兴的事主动提出做东，你就恭敬不如从命吧，有祝贺的话奉上就好。

另外，在万不得已的情况下，切忌随意向同事伸手借钱，即使借了钱，也一定要记得及时归还，即使是小的款项，也不能忘记不还。否则，不仅会引起同事的不满，更会有损你的信用，如此就因小失大了。

5. 不私下向上司争宠

不私下向上司争宠，也是确保同事之间友谊长久的方式之一。如果同事当中有人喜好巴结上司，向上司争宠的话，肯定会让其他同事看不惯而影响同事之间的工作感情。

如果真需要和上司沟通的话，应尽量邀多人一起去，而不要在私下做一些见不得人的小动作，让同事怀疑你对友情的忠诚度，甚至还会怀疑你的人格有问题，以后同事再和你相处时，就会下意识地提防你，因为他们会担心平时对上司的抱怨会被你出卖。一旦你被发现出卖了同事的话，那么你们之间的友情就宣告结束了，就连其他想和你交朋友的人都不敢靠近你了。

6. 心平气和地处理纠纷

在长时间的工作过程中，同事之间难免会因不同的观点、意见或利害冲突而产生一些矛盾与纠争，这是很正常的。不过在处理这些矛盾与纠纷的时候，不要表现出一幅盛气凌人的样子，非要和同事做个了断、分个胜负，而要懂得心平气和、有理有据的道理，适时退让一步，以消弥无意的纷争，确保同事间的关系不会遭到破坏。

退一步讲，就算你有理，要是你得理不饶人的话，同事也会对你敬而远之，觉得你是个做事不留余地、不给他人面子的人，以后也会在心中时刻提防着你。这样你可能会失去一大批同事的支持。此外，被你攻击的同事，将会对你怀恨在心，你的职业生涯便又多了一个“敌人”。

交际箴言

同事是和自己朝夕相处的人，彼此和睦融洽，工作气氛好，工作效率自然也会更好。反之，同事关系紧张，相互拆台，彼此经常发生磨擦，就会影响到自己的正常工作和生活，影响自己的事业发展。因此，职业女性应与同事建立起一种和谐、融洽的人际关系。

赢得下属的肃然景从

如今，女性不仅已经和男人同工同酬了，而且有越来越多的女性也跻身管理层，成为运筹帷幄、统领下属的女上司。

然而，尽管女上司们大多敏于行事，处事公正客观，管理更人性化，但下属们对女上司多半持拒绝、怀疑的态度。在他们眼中，女上司的能力与经验均不如男上司，听命于某个女上司违反了自然的法则。正因为如此，那些难缠的、爱较真的下属们的确也为女上司们大展宏图制造了不少阻碍。

对于女上司来讲，要为自己施展抱负肃清障碍，当务之急就是要设法在下属面前表现自己的能力，塑造自己的权威，他们才会乐意接受你，并肃然景从。

1. 培养自己的独立性

一般而言，女性给人的印象是胆量不够，依赖性强。可当女性担任上司的职务时，就不能总是想要寻求别人

的帮助。要知道在竞争激烈的现代社会，没有谁会真心帮助你，惟一能依靠的只有你自己。因此，你应该注意培养自己的独立性，不要一有事就打电话给家人或朋友诉委屈，也不要让男友或丈夫到你公司来接你，更不要在众人面前，在电话里跟他撒娇发嗲，这样才能显示出你的工作责任心及起码的独立能力。

2. 布置好你的办公室

整洁的办公室不但可以创造出一个理想的工作环境，也能反映出你的风格气质、职位身份，有时还能无形中增加你的威势。比如不要在办公室里挂海报，因为看上去好像大学生宿舍。如要挂画，应选择高雅的版画或油画，而不要挂风景画；不要把办公室布置得太花哨，一如女性的闺房，而且要尽量减少把家人的照片放在办公室四周或书架上，不要让人以为你是一个整天恋家的“主妇”型上司。

3. 用赞美激励下属

金钱在调动下属们的积极性方面不是万能的，而赞美却恰好可以弥补它的不足。因为生活中的每一个人，都有较强的自尊心和荣誉感。你对下属真诚地表扬与赞同，就是对他们价值的最好承认，能激发他们潜在的才能。但要记住：对于男下属，这种赞美要有分寸，否则别人可能误会你对他有意，而令彼此尴尬。

4. 妥善地向下属授权

女人一得到提升，便觉得自己更应努力，很容易事无巨细都亲自接手而变得心力交瘁、精神不振。同时，如果你事无巨细统统包办代替，下属也会因此而事事依赖你，难以发挥整体的才能和配合。

要改变这种被动状况，你就必须学会妥善地向下属授权，明确哪些是该你亲手做的，哪些是该下属做的，不要身为上司仍做从前一般职员所做的工作，而要学习做领导，指导别人，从一个新的角度去展开工作。况且，作为上司，只有相信下属并给下属以锻炼的机会，使下属不断进步，下属才会与你同行，与你共赢。

5. 对下属严格要求

当面临下属没做好工作而需要批评时，有些女上司往往会觉得难以启齿，担心伤害下属的自尊心，所以，她们更愿意以一种宽容的态度感化下属，或以丰富细腻的人性化管理代替批评。

可是，这种方法并不适用于每一种类型的下属，比如对于那些清高自傲、目中无人或一向很懒散的下属而言，你要对他用软功，苦口婆心，他反而会看扁你。因此，对待这类下属，没有必要优礼有加，处处宽容谦让，

而应该拿出上级的权威，该批评的批评，让他感到你不是吃素的，他才会甘愿服从你。

在批评下属之前，最好先赞赏几句，然后再具体地提出建设性的批评意见，并提供改进的方法。同时不要在众人面前批评下属，也不要在一个下属面前说另外一个下属的不是。

6. 勇于接受下属的批评

女人做事，很容易主观化，别人一批评，容易不经考虑而立刻为自己所做的事情做出辩护，找借口说明自己是对的。特别是受到下属的批评时，更会因面子问题而拒绝接受。

殊不知，如果作为上司不能接受建设性的批评，你的下属便难以和你沟通，这对你是不利的。

因此，当有下属向你提出批评时，你应该平心静气地听下属说完，分析之后，觉得是下属说得对便要勇于承认自己的错误，这样的态度才会令下属敬佩你，信任你。同时，你的事业、人生才能走向成功。

虽然在现代职场，有越来越多的女人凭借着自身的实力跻身于管理层，成为运筹帷幄、统领下属的女上司。但下属们对女上司多半持拒绝、怀疑的态度，而一些难缠的、爱较真的下属们甚至还为女上司们大展宏图制造了不少阻碍。对于女上司来讲，当务之急就是要设法赢得下属们的接受与景从，这样才能将整个团队紧紧地团结在一起，让你的每一个下属都拼尽全力为你效力，从而使你的事业、人生走上成功的坦途。

交际箴言

对于女上司来讲，要为自己施展抱负肃清障碍，当务之急就是要设法在下属们面前表现自己的能力，塑造自己的权威，他们才会乐意接受你，并肃然景从你。

与男上司保持最佳距离

与男上司之间的距离也许是很多女性忽略的细节问题，但是对于一个女人来讲，这并不是一个小问题。

女性在办公室里与男性上司或男同事相处时，要适当注意彼此间的距离，使其不超越正常的同事关系，以避免许多闲言碎语和不必要的麻烦，要特别注意以下几

种场合下的言谈举止。

1. 与上司保持正常的空间距离

心理学研究表明，在人际交往中，空间距离的不同，会产生不同的心理效应。正常的人际交往中，要保持一定的空间距离。

美国人类学家爱德华·霍尔按交流中彼此间的生理距离划分为四种类型。

距离为 0 ~ 46cm 之间为亲密型。距离在 46cm ~ 1.2m 之间属正常型。距离在 1.2m ~ 3m 之间为社会空间型，3m 以上的距离是普通型。空间距离的大小，引起的细微变化也不相同。职业女性与男性上司或同事交往过程中，如果破坏了正常的交往距离，就会引起不当的心理刺激，心理不健康的人就容易产生非分之想，甚至做出越轨的行为。因此，作为职业女性要时刻注意与男性上司和男同事保持一定的距离，避免出现桃色事件。

2. 最好不要单独与男上司在办公室谈工作

许多企业和公司的董事长或总经理都有自己独立的办公室，给外人的印象是具有私人空间的地方。如果上司与你谈论工作上的事情，在进上司办公室之前，最好能拉一位同事前往，或需要单独与上司谈话时，也要与同事打声招呼。这样可以避免同事的猜疑，也不给上司独处的机会。

3. 不要轻易到上司家里去

家是一个私人的生活空间，并不是一个公共场所或工作场合。只有与上司的关系达到一定的程度，才有可能到对方家里去做客。作为女性到男性上司的家中，往往就意味着彼此之间私人关系已经不同一般了。不然的话，不要轻易到上司家里去，以免引起不必要的麻烦。

4. 不要单独与上司去娱乐场所

由于娱乐场所的气氛活跃，再加之浪漫的音乐，闪烁的霓虹灯，容易使人产生错觉，做出意外的举动。年轻的女士不适宜与上司光顾这种场合，特别是与有家庭的上司，因为这种交往超出了彼此之间的工作范围。

5. 应对上司做媒

工作卖力，业绩突出的你深得上司的赏识，他一心一意要对你的终身大事负责任。一天他热情洋溢地与你谈论，他已经为你看好了一门亲事，只等你去相亲，面对这突如其来的事故，你无所事从，不知怎样处理。如果一口拒绝，将会影响你与上司的亲密关系，假如应约前往又与自己的初衷相背离。因此，处理这类事情首先要对上司的关心表示感谢，然后，巧妙含蓄地说明自己的心思，不愿意使公事与私事相搅和。如果上司坚持己见，你也不能怪上司多管闲事。在办公室里，生活问题更需要距离。

交际箴言

女性要注意与异性上司的交往，因为这是一个非常敏感的话题。要小心谨慎，尽量避免私下单独与上司接触，注意保持正常的交往距离才是一个成大事女人的正确选择。

第九章
借用榜样的智慧，做一个不一样的女人

全世界上有这样一些女人，她们或德高望重，或智慧过人，或富可敌国，或多才多艺，或仪态万方……她们犹如日月，光芒万丈，完全可以作为女人的楷模，永彪史册！

杰奎琳：社交力成就影响力

杰奎琳·肯尼迪·奥纳希斯，这个把优雅的法国时尚带进美国白宫的经典丽人，以其清新、文雅的高贵形象，当仁不让地成为20世纪70年代时尚界的临水照花人。

从她入住白宫成为肯尼迪夫人，到嫁给亚力士多德·奥纳西斯，再到成为一名编辑，她在每一个年代都留下了深深的印记，并以自己鲜明的性格特征和时尚风格，成为美国人眼中永远的第一夫人。

她的每一句话、每一个动作、甚至每一件衣服都倍受关注——杰姬风格的窈窕裤装、蓬松的黑色外翻短发，还有迷人的微笑，如今都成了知性、简约的时尚法则，成为全美国、乃至整个西方世界妇女效仿的对象，让全世界都为之着魔。

1929年7月28日，在美国纽约长岛东汉普顿一座英式庄园里，晚产6个星期、体重8磅的杰奎琳出生了。

聪慧的小杰奎琳早在蹒跚学步时就充分显示出了她的与众不同。她经常给人一种“顽皮姑娘和可爱公主的奇怪组合”印象。和其他孩子在一起玩游戏的时候，她总是扮演女王或者公主，手里拿着一顶王冠，那是父亲为她买的礼物。而她的妹妹却只能充当她的侍女。

那个时候，杰奎琳的外表并不漂亮。她母亲就常说她没有女人味，头发乱蓬蓬的，有一双大脚丫，肩膀太宽，瞳距过大，简直就是一个十足的“丑小鸭”！好在杰奎琳的父亲并不这么看，在父亲的眼里，女儿们简直无可挑剔！

杰奎琳牢牢记住了父亲的建议：“要吸引众人的注意力，你必须走到房间的中心位置，展露令人炫目的微笑，同时将你的下巴抬得高高的。”这种独特的姿势带来的风度不但弥补了杰奎琳先天的长相缺陷，还成就了日后光彩夺目的肯尼迪夫人。

杰奎琳13岁时，一直感情不合的父母离婚了，母亲嫁给了奥钦克罗斯，并带着她和妹妹住到了哈姆密尔斯庄园。在这里，杰奎琳度过了她一生中最美的时光，不仅生活似乎比以前稳定、轻松了许多，而且继父不论从何种意义上说，都是称职的，不但有钱有势，而且慈祥和善。

1947 年，杰奎琳 18 岁了。当时的美国上流社会在第二次世界大战之后，一直保持着一个成年“首进仪式”，就是把成年的女儿介绍给社交界。

在继父的精心组织安排下，杰奎琳的正式“首进仪式”在历史悠久的克兰贝俱乐部举行。当晚，因为继父的声望，许多社交界的名流都来了。

杰奎琳挽着继父的手，站在门口迎接客人，表现出了大家闺秀的风范。她穿了一件雪白的薄纱连衣裙，领口横开到肩膀，露出天鹅一样光润挺拔的脖子，虽然一双眼睛在人群中慌乱羞涩地闪烁，但却无法掩饰她那自然而然流露出的潇洒和活力，在晚会上她可谓艳压群芳、光彩照人、超凡脱俗！

在座的宾客无不目不转睛地随着她打转，母亲们惶惶不安，父亲们忍不住地站了起来，他们的儿子们则兴奋得不得了，女孩们却在妒火中烧，赌着气准备退场……所有人都在想，是哪个细枝末节、哪种独到的格调使杰奎琳变得如此出众，如此引人注目？

而杰奎琳呢？她始终楚楚动人、仪态万千、风情万种，她一直妙趣横生、出语不凡、语惊四座。当有人恭维她，说她穿的礼服是那么别致、夺目时，她不禁莞尔：

我是在纽约跳蚤市场买的，只有50美元。

美国著名记者伊戈卡卡西尼，在随后的一篇报道中把那个晚上的杰奎琳誉为“本年度新入社交场的皇后”！

当选“社交皇后”的杰奎琳，被从天而来的荣誉唤醒了她那几乎处于沉睡状态的社交欲望。她兴奋不已：刚一成年，就被人称为“皇后”，那未来的灿烂似乎离自己已经不远了……

更让人高兴的是，杰奎琳在被冠以了“社交皇后”美誉不久，随后又在一次《时装》杂志社举办的第16届巴黎大奖赛征文比赛中力拔头筹，算得上是双喜临门！

一时间，杰奎琳名声大振，她的身边很快聚集了一大批追随者，有些人还专门从纽约赶来，想一睹“皇后”的风采。

但是，知性的杰奎琳并没有因此迷失自己的方向，她始终没有放弃自己的阅读兴趣，从莎士比亚、威廉，到巴特勒、叶芝、萨特，甚至是迪派克、乔浦勒的作品……

她是那么喜欢看书，如果会有不同生活道路的话，她说不定会是一个成功的作家。但她选择嫁给肯尼迪，就注定了她生命的不平庸。

1951的冬天，大学毕业的杰奎琳，来到《华盛顿先驱时报》工作。不久，她就在《查塔努加时报》驻华盛顿记者查尔斯举行的晚宴上邂逅了约翰·肯尼迪，并从此开始了二人之间的甜蜜约会。1953 年 9 月 12 日，24 岁的杰奎琳嫁给了这位大自己 12 岁的白马王子。

当杰奎琳 31 岁时，她的丈夫肯尼迪被选为美国历史上最年轻的总统，而她美丽的形象更为肯尼迪赢得了不少选票。带着 3 岁的女儿和刚出生的儿子，这对年轻夫妇搬入了美国最高权力的象征——白宫。

杰奎琳的魅力是如此的鲜明、充满智慧和富有创造性。时至今日，她依然存在于人们的心中——一个集美丽、才华和胆识于一身的旷世奇女子，她永远站在时尚的潮流之巅，勇敢地追求自由、美丽和幸福，并以迷人的风姿征服了全世界！

交际箴言

一个没有良好人际关系的女人，即使有知识、有技能，恐怕也得不到施展的空间。聪明的女人，一定要从现在开始，积极构建自己、拓展自己的人际关系，使自己离事业的成功更近一步。

特蕾莎：把爱心当作永恒的财富

哪儿有爱，哪儿就有财富和成功。在现实中，也许你并不富裕，也还没有实现成功的愿望，但不论何时何地，我们只要怀有一颗真正的爱心，就能像磁铁一样，吸引到有用的资源、美好的事物以及幸福的生活。

1910年8月27日，一名小女婴诞生在南斯拉夫境内的一个阿尔巴尼亚族农家，她的父母为其取名为艾格妮丝·巩霞·博杰舒。当时的人们不会想到，这名小女婴日后会成长为被人们称为“穷人之母”的特蕾莎修女。

特蕾莎的母亲是一位虔诚的天主教徒，她经常慷慨地款待贫民，并在饭桌上称呼他们为客人及亲戚。

等到特蕾莎稍大一点的时候才发现这些人并非亲友，而是生活艰苦的贫民。

一天，一个可怜的老妇人上门乞讨，特蕾莎的母亲竟毫不犹豫地将准备晚餐的几个便士，全部赠给了这个可怜的老人。

当时，特蕾莎极其不理解，站在门旁边用惊讶的眼神看着母亲，喃喃地说："我们今晚吃什么啊？"

母亲抚摸着特蕾莎的头说："孩子，我们一次不吃晚饭没有关系，可是这个可怜的女人，如果再拿不到一个便士，就有可能在这个饥寒交迫的夜里死掉的。好孩子，你一定要记住，人要用一颗博大而真诚的爱心去帮助别人，那他会得到快乐和心中的安宁。"

在母亲的熏陶下，特蕾莎也在成长的过程中，渐渐学会把爱心的种子播撒进更多人的心田，这决定了她被称为"活圣人"的一生。

在特蕾莎高中毕业那一年，有一天，教区的神父来到她家里，为劳莱德修道院的修女们前往印度加尔各答布道而募捐，顺便给特蕾莎讲起修女们在印度布道的种种情形。

与神父的这次长谈，点燃了特蕾莎长久积蓄在心中的意念："一定要到印度去，为那里的穷人做点事。"

当特蕾莎向父母表白了自己的决定后，不仅得到了父母的同意，还得到了劳莱德修道院院长的支持。不久，特蕾莎就被送到印度的孟加拉传教区（加尔各答）的罗列特修道院学习，随后被派到印度大吉岭受训。那一年，

她刚年满18岁。

结业后，特蕾莎来到印度加尔各答圣玛利亚修道院的学校教书。这所学校是一所贵族学校，学生皆来自孟加拉的上流阶层。但是，在贵族学校之外却是世界上出了名的加尔各答又多又脏的贫民窟，以至于加尔各答被印度总理尼赫鲁称为“噩梦之城”。

对于在女子学校和修道院高墙内过着优雅的欧式生活的特蕾莎看来，周围那个凄惨破败、可怕肮脏的环境，那些瘦骨嶙峋、皮肤黝黑、衣不蔽体、臭气熏人的乞丐、孤儿、老弱、病人和穷汉，不但是不应逃避的，不应该漠视的，反倒是必须帮助的；不但是必须帮助的，而且是值得去爱的人！

于是，特蕾莎毅然放弃了既舒适又稳妥的修道院生活，来到最破烂的贫民窟，用自己仅有的几卢比租下了一间房子，成立了“仁爱传教修女会”，用以接待贫民窟里饥寒交迫的孩童。

在这个小屋里，没有桌子、椅子，也没有黑板，她以地板为黑板，教孩子们一些孟加拉字母。为了他们，她自己亲身到街上乞讨食物并送药，帮助他们清洗身体。

有一次，她看见街上躺着一个奄奄一息的病人，她焦急地四处求告，敲遍医院、诊所的大门，竟无一人理会。最后好不容易求到一点药品，回来时却发现那人已死去了。

另有一回，她看到一个垃圾桶里有个老妇人在痛苦地挣扎并呻吟着，这位老妇人浑身爬满了蚂蚁和老鼠，头上被老鼠咬了一个洞，伤口布满了蠕动的蛆和虱子，特蕾莎不顾一切地抱起这个老妇人，直奔医院。

这件事对特蕾莎震动很大，联想到每天早晨都有人推着车子像清理垃圾一样在街道上收集那些贫苦人的尸体，她沉痛地感叹：“狗与猫都过得比这人更好，人为何如此卑贱地走向死亡呢？”

为了让那些孤苦无依者有个安静面对死亡之所，为了给他们带去爱心，让他们感到自己有尊严、感到自己被人爱，特蕾莎先后创办了“临终者之家”、弃婴之家、麻风病患者之家以及艾滋病患者收容所。

所有这些，深深地感动着全世界的人们，就连世界上最有钱的公司都乐意捐款给她，曾经有一位老人，临死前，拉着特蕾莎的手低声说：“我一生活得像条狗，而我现在死得像个人，谢谢你，修女。”

可是，特蕾莎修女却一直过着清贫简朴的生活：她住的地方，惟一的电器是一部电话；她穿的衣服，一共只有三套；她没有袜子，只穿凉鞋；没有燃料做饭时，

还吃过生小麦……

不仅如此，特蕾莎还要求手下的人只为受苦的人服务，绝不要操心金钱问题，因为“贫穷是我们的护身符”，“为了理解和帮助那些一无所有的人，我们必须像他们那样生活。惟一的区别在于，那些人生来就是穷人，而我们的贫穷则是出于自己的选择。”

有一年圣诞节，因为没有足够的披肩供修女们做午夜弥撒时用，结果，那些没有披肩的修女不得不披着床单去教堂。

靠着这种爱心，也仅仅是靠着这种爱心，为穷人奉献了一生的特蕾莎修女赢得了成千上万的追随者，受到众多的总统、国王、伟媒巨头和企业巨子的仰慕和爱戴，1979年，诺贝尔委员会还把诺贝尔和平奖这项殊荣授予了这位除了爱心一无所有的修女，并在授奖时这样赞美她：“她个人成功地弥合了富国与穷国之间的鸿沟。”

虽然特蕾莎修女在物质上一无所有，但她却是全世界最富有之人，因为她拥有了人生中最宝贵的精神财富——爱心！凭着爱心，她为自己赢得了多少黄金也换不来东西——成千上万的追随者以及崇高的荣誉和奖项。

更为重要的是，特蕾莎的“爱心”还使自己的生命获得了永生——时至今日，人们依然传颂着她的名字，甚至印度最大的清真寺的伊斯兰教长布哈里也说，她是一位“永生的伟大的圣人”！

交际箴言

请拿出你无价的爱心吧。你的生活才会充满令人心动的情感色彩，你的生命才得以在别人的感激和赞美中绽放恒久不灭的光辉。

劳拉：塑造自身的亲和力

在人际交往中，良好的亲和力能够为我们带来很多好处，它既可以让我们获得更多的友情，感受到人与人之间的关爱与温暖，又能为我们带来更多的人际资源，让我们获得意想不到的良好机会与前途。

孟子有云：“天时不如地利，地利不如人和。”每个少年朋友都应该尽力克服自身的性格弱点，与他人保持一种和谐友善的关系，让自己变得更具有亲和力，从而为自己赢得杰出所必须的好人缘。

劳拉，20世纪50年代出生在美国得克萨斯州米德兰的一个小户人家，是一边吃着汉堡，一边坐在车上看露天电影长大的一代。她父亲是一位相当成功的建筑商和地产商，母亲是一位家庭主妇。

作为家里的独生女，没有玩伴的劳拉从小喜欢独处。如果觉得孤独时，她会把自己的布娃娃们排成队，通过自己当布娃娃的老师来做游戏。等到稍大一点儿的时候，她还喜欢骑着自行车在不太繁华的街上闲逛，午饭就用一个大汉堡来填饱肚子。

劳拉的母亲回忆说："她从来不哭，也很少生病，沉稳安祥的鲜明个性让每一个见到她的人都感到很吃惊。"

1950年，劳拉被送到了一家私立幼儿园。此时的劳拉依然没有改变内向害羞的性格，但她却非常珍视与小朋友们之间的友谊，入学一周后，她就凭着自己超凡的记忆力记住了所有小朋友的名字。

8岁时，劳拉加入女童子军，并且参加了她人生中第一个夏令营。夏令营在米德兰西南200英里以外的戴维斯山脉举行。营地在两座高原之间的美丽山谷里，从那里可以欣赏到主教冠峰无与伦比的美。营地周围的旷野生活着各种各样的动物，有山狗、火鸡、兀鹰、小鹿和长耳大野兔等。

女童子军的野营使劳拉有机会了解自然，也让她学会了和小伙伴们互助交流，这是她人生的一个重要组成部分。

后来，劳拉从鲍威小学考进了圣哈辛托初中。在圣哈辛托初中，来自鲍威小学的小朋友居多，他们相互都认识。还有一小部分来自偏远地区其他小学的学生。当时，劳拉总是设法让他们的大群体接受其他小学来的学生，并且不辞辛劳地做这件事。

她的一个初中朋友克伦·汤普森这样描述劳拉："她是非常非常甜的一个女孩，她是每一个人的朋友。"

1961 年劳拉开始读高中，与一般的女孩子不同，她从不把时间过多地花费在穿衣打扮上，也不像同龄人那样活泼开朗，而是像个学究儿，但她举止端庄、亲切随和，所以，大家都愿意与她交往，她的寝室也总是伙伴们聚集的好地方，她虽然喜欢读书，却不会因此而把伙伴们赶出去。

虽然劳拉的中学生活充满着同学之间的友情，还有父母的爱，但是在她要毕业的那一年却发生了一件不幸的事。

就在她17岁生日过后两天，她驾着自己的雪佛莱轿车在城郊兜风，后座上坐着她的朋友朱迪。在一个十字路口劳拉穿过停车线，与她的另一个朋友迈克·道格拉斯驾驶的车相撞。17岁的迈克从车里被甩了出去，当场毙命。

吓坏了的劳拉和朱迪被送往医院。她们只有一点点小伤，很快就痊愈了。警局出具报告说两个驾驶员都没有饮酒，因此没有提请诉讼。

尽管事情很快平息下来，但无意中扼杀了一个生命，这对只有17岁的劳拉来说是个不折不扣的悲剧。更令她痛苦的是，迈克还是她的好朋友。

接下来的日子，劳拉没有上学，她整天躲在家里暗自啜泣，后来她自己承认，那种伤痛几乎“压垮了她”。

几个星期后，劳拉回到学校，由于长久以来，她都很有人缘，所以没有人对她提起那场车祸，她的朋友罗伯特·麦克莱斯基说：“这里没有人认为是她的错。”

然而，劳拉却比往常更加消沉寡言，她在各方面更加约束自己，深居简出，成为同伴中最后一个结婚的人。这让那些关心爱护她的朋友感到十分难过，差不多两年的时间，她们都在忙着为劳拉介绍男朋友。

终于，在由她的前室友简·唐纳力·奥尼尔组织的露天烧烤晚会上，小布什遇到了劳拉，小布什后来称，从劳拉身上他找到了一种独特的亲和力。

1977 年 11 月 5 日，劳拉嫁给了小布什。后来，当小布什决心竞选总统时，劳拉在背后鼎力协助，屡次以温婉的邻家阿姨一般的形象亮相，凭借其特有的亲和力征服了许多选民，使丈夫在总统选举中一举获胜。

大选之前，美国福克斯新闻网对 900 位美国公民所做的调查显示，有 73% 的人表示对劳拉“印象很好”，而布什总统的支持率仅为 66%。那些摇摆不定的女选民曾这样说，看在劳拉的份儿上，就投布什一票吧。

有竞选评论人士撰文说，在竞选出现胶着状态时，第一夫人广泛的人缘和表现出的沉稳、安祥的个性，是使她丈夫连任的至关重要的“资产”。

而共和党民意测验专家也这样说：“戈尔的妻子蒂帕让戈尔更赋人情味，而小布什的妻子劳拉让小布什变得稳重。她在人们眼中是一个具有宁静说服力的人，就像是一只戴着天鹅绒手套的拳头。”

劳拉沉稳、安祥的个性极具亲和力，她凭着这些筑就了自身完美的人格魅力，成了人人称誉的美国有史以来最出色的第一夫人。

或许我们的性格原本十分孤僻、内向，但只要能够认识到“人合百群”是新世纪社会交往的要求，并通过培养良好的举止风度、学会善待他人等途径来塑造自身无与伦比的亲和力，就能让自己成为一个广受欢迎的人，从而在交际舞台上如鱼得水、左右逢源。

交际箴言

可以说，亲和力是社会人际关系中必不可少的粘合剂，是营造良好人际关系的情感基础，是个人最有价值的无形资产。

赖斯：秀出自己的好口才

古人云：“片语可以兴邦，一言可以辱国。”好口才历来是政治家、外交家施展抱负的重要平台，也是个人人格魅力的一大亮点。然而，在现实生活中，我们却经常看到有些人待人接物时，尚未开口脸先红；或是夸夸其谈、啰啰唆唆；或是语无伦次、词不达意；或是粗话乃至脏话脱口而出……须知，没有好口才，不仅会给人留下能力低下和思想匮乏的印象，别人也会因为你的“出言不逊”而冷落你、疏远你。

要想摆脱这种不利的境地，我们就必须克服内向、自卑的心理和不良的说话习惯，鼓励自己“敢说、勤说”，并注重培养良好的语言表达能力，在与他人的交往中，使自己舌绽春蕾、妙口生花。

1954 年 11 月 14 日，康多利扎·赖斯出生于美国亚拉巴马州的伯明翰，赖斯的父亲约翰是一位牧师，也是高中的辅导员和橄榄球教练。母亲安杰利娜是一位高中教师，擅长演奏钢琴和管风琴。

赖斯从小生活在一个种族隔离的恶劣社会环境中，尽管父母尽一切可能来保护她，使她免于非洲裔黑人所遭受的折磨和耻辱，但小赖斯仍不可能逃脱种族歧视对她幼小心灵的伤害。

1961 年的一天，母亲为 7 岁的赖斯买衣服，她们在伯明翰一家店里看中了一件美丽的衣服，可一位白人店员挡住赖斯，不让她进试衣间里试穿那件套装。

店员说，此试衣间只有白人才能用，让她们去储藏室里一间专门供黑人用的试衣间。

可赖斯的母亲根本不理睬，她冷冰冰地对这位店员说，她女儿如果不能进这间试衣间，她就换一家店购衣。

女店员为了留住生意，只好领她们去了一间远处的试衣间，自己站在门口望风，生怕有人看到。

又有一次，赖斯因在店里摸了摸帽子而受到白人店员的训斥。

当时，她的母亲对那店员说："不要这样对我女儿说话。"

然后，母亲对她说："康蒂（赖斯的昵称），你现在把这店里的每一顶帽子都摸一下。"

赖斯快乐地按母亲吩咐，真把每顶帽子都摸了一遍。

最严重的一次是在1963年9月15日，当时她爸爸正在做星期日布道。

突然，教徒们听到远处传来一声巨响，就在5公里外，一伙白人炸毁了第16街洗礼教堂，4位黑人小姑娘死于非命，她们最大的才14岁，最小的只有11岁。

当时赖斯才9岁，丧身的女孩中，一位就住在她家隔壁，另一位是与她同一幼儿园的小朋友，她们曾在一起玩耍。

赖斯回忆说，对小伙伴的死，她感到非常悲哀和痛恨。她参加了悼念活动，亲眼看到小棺材被抬去下葬。此事对她的刺激很大，以致于30多年后，在她参与领导美国反对恐怖主义时，她还提及此事，她说这是她对恐怖活动的第一次深刻认识。

面对社会的不公和歧视，赖斯全家都相信这样一条严峻的真理：黑人的孩子只有做得比白人孩子优秀两倍，他们才能平等；优秀三倍，才能超过对方。

于是，当大多数美国孩子还在蹒跚学步时，赖斯就已开始“上课”了。母亲将赖斯的一天安排得就像在正常的教室里一样，但她的课程更严格。

母亲想把赖斯培养成为一流的钢琴家。于是，人们经常能看见母女二人一起花很长时间探讨音乐、语言和艺术。

为了扩大女儿的眼界，母亲还让赖斯参加各种公共学校的学习，使她获得不同的社交和受教育机会。

而父亲则花大量的时间和赖斯讨论国家大事，并将其与历史结合起来，这样从小便培养了赖斯的政治敏锐性和洞察力。

父母亲把全部的心血都倾注在这个可爱的孩子身上，他们对赖斯说话时从不以对小孩讲话的方式，在上

小学前，赖斯已经是一个正规的音乐学生，比起其他孩子来，她不仅表现成熟、言谈举止规矩，而且更能很快进入状态好好学习。

1974年，赖斯以优异成绩毕业于丹佛大学，她是全校惟一的19岁毕业生，此后她又拿到了硕士学位。在1981年，赖斯又得到了政治学博士学位，并进入名声显赫的斯坦福大学任教。

在课堂上，赖斯的演讲才能和分析能力给人留下了很深的印象，她的真知灼见也常常令学生茅塞顿开，这使她成为斯坦福一位很受欢迎的“小教授”，与她年龄相仿的学生们纷纷排队注册上她的课。

1984年，赖斯还荣获斯坦福大学教学成就的最高奖。这一切，对一位来自伯明翰的黑丫头来说，简直是一个奇迹。

在1987年斯坦福大学的一次晚宴上，赖斯更是凭着几句简短而又具有独到见地的致辞改变了她的职业生涯。

当时任福特总统国家安全事务助理的布伦特·斯考克罗夫特觉得席间言谈索然无味，直到赖斯博士开始讲话，情况才发生变化。

他回忆道：“这小姑娘有自己的一套，我得认识认识她。”1988 年大选之后，斯考克罗夫特成为老布什总统的国家安全事务助理，他马上开始着手挑选将与他在白宫共事的人，他说："我打的第一批电话中就有给赖斯的。”

由于赖斯专长苏联事务，她被任命为国家安全委员会苏联事务司司长。赖斯不仅赢得了同事们的尊重，而且很快成为老布什总统和夫人芭芭拉的私人朋友。

与赖斯共事的官员称："她阐述一系列复杂问题的能力相当强”、“她总是可以非常实际地切中问题的要害。”

1995 年小布什当选得州州长，老布什慧眼识珠，安排赖斯与小布什见面。同为体育迷的小布什与赖斯一见如故，聊了很多关于棒球的逸事。

小布什很快发现，赖斯的口才极好，说什么都能丝丝入扣、清清楚楚，而且深入浅出，他曾这样评价赖斯："她能够将复杂的政策问题用一种简洁明了的语言表述出来。她可以用我理解的方式解释外交政策问题。”

正是因为敏锐的政治洞察力和超凡的语言表达能力，才使赖斯平步青云，一步走上高层政坛。

2000 年 11 月，小布什当选美国总统后，他召开新闻发布会，宣布了三项政府高级成员的任命，其中之一就是："国家安全事务助理康多莉扎·赖斯。

2004年11月15日，德高望重的美国前国务卿鲍威尔离任，11月16日，布什总统宣布任命赖斯为国务卿，赖斯成为美国有史以来第一位非裔黑人女国务卿。

不可否认，赖斯成功的因素有很多，但高超的口才在她的政治生涯中也着实起到了推波助澜、锦上添花的妙用。

正如美国著名人际关系专家戴尔·卡耐基所说："一个人的成功只有15%是依靠专业技术，而85%却要依靠人际关系、有效说话等软科学本领。"可以说，好口才是塑造个人完美形象的点睛之笔，是创设良好人际关系的必备武器，更是赢得成功人生的重要资本。所以，我们每个人都应该努力培养自己的语言表达能力，在平时善于抓住汇报、演讲、发言等场合多说、多练，这样才能在人际交往中从容地秀出自己的好口才。

交际箴言

在日常的人际交往中，口才的好坏甚至会直接关系到一个人立世和处事的成败。

莉莲：要学会与不同的人交往

每个人都处在错综复杂的人际关系网络中，虽然对于少年朋友而言，大部分时间都花在学校的学习上，人际关系和社会背景相比要单纯得多，但即使如此，我们在处理人际关系时却依然存在着很多误区。

比如，有些人在与自己比较熟悉的人交往时能表现得很自如，但与不太熟悉的人交往时往往很被动、拘谨、畏缩，不知该如何与他们相处。

也有些人只跟与自己志趣、性格投合的人相处融洽，或只跟与自己志趣相投的人交往，对自己不喜欢或者不想交往的人就不予理会。

这样做的结果不仅会使我们失去取长补短的好机会，更会导致人际交往受挫或交际范围狭窄。因此，每个人都应该学会和不同的人相处，因为这样才能真正处理好与他人的关系，才能拥有完善的人际关系网。

莉莲·梅那斯切·弗农于1928年3月18日出生于德国莱布切格，是一位中上阶层实业家海曼·梅那斯切的长女，莉莲原本有个哥哥弗雷德，在她少年时不幸去世。

小时候的莉莲是个非常忧郁孤独的小姑娘，她太腼腆了，很少和人交往，总是一个人默默地呆在屋里做着自己喜欢做的事。

她极其羡慕那些漂亮的明星，常常一个人对着好莱坞黄金时代画报上的女明星出神，还经常幻想出一些可以跟自己说话的人物，她跟他们谈心，他们照她希望的那样来回答。

莉莲刚5岁时，由于经济恐慌，反犹太主义的风潮再次在德国高涨，她们全家逃到了荷兰；5年之后，当纳粹的铁蹄踏遍欧洲大陆时，他们不得不再度逃往美国。

在逃难中，大家吃着涂有猪油和咸盐的黑面包，尤其是当小莉莲看到携家带口的人群，目睹横尸遍地的街巷时，无数悲剧的影像冲击着她幼小的心灵。

这种颠沛流离的日子在当时看来是伤心的经历，但生活的动荡不安，却使小莉莲的眼界比同龄人宽广许多，而为了适应陌生的环境，她又不得不学习新文化和新语言，交新朋友，这在一定程度上也淡化了她原本十分内向、腼腆的性格，更使她练就了应付未知世界的非凡能力。这对她日后的人生是非常关键的。

由于生活愈发贫困，莉莲没有机会得到良好的教育，她继承了父亲欧洲式工作狂精神，少年时便开始工作。她做过许多不同的工作，第一个职位是在电影院当售票员，当时只有14岁，每小时能赚10美分。她随后又到贝顿糖果店当营业员。

这些工作都要与公众交往，所以莉莲不得不克服怕羞的心理，变得外向化，更为重要的，她渐渐学会了如何应付各种各样的人。

她说这一经历对自己以后成为企业家极有益处："我那时候认识到，能够从事与各种人交往的工作应该是种开心愉快的经历。"

1946年，莉莲进入纽约大学攻读心理学。毕业后，她组建了一家做邮订购物业务的公司，并以自己的名字来命名。

公司成立伊始，莉莲就用2000美元投资于购买最初的一批钱夹和和标有人名的腰带，并花了495美元在《十七》杂志上登广告。

事实上，当时莉莲公司面临着最强劲的对手，美国最大的商品目录册零售商西尔斯公司，他们凭借其雄厚的经济实力也在销售标有人名的腰带。

而莉莲公司在没有强大经济支撑的情况下，如果要将新产品推向新市场，将会冒很大的风险。

但由于莉莲早年从事过与各种人交往的工作，这使得她对顾客的内心世界有很好的洞悉力，她直觉地了解到像她这样的妇女想买什么产品，并很快地找到了市场定位。

莉莲的洞悉力使她一举成功，在最初的12周内公司就收到了价值32000美元的订货额。

初战告捷，莉莲公司频频推出新产品，到1970年公司年赢利已达100万美元，一举成为美国最大的邮购公司之一。

莉莲是原本是一个忧郁孤独，很少和人交往的小姑娘，后来，她做过许多要与公众交往的工作，这不仅让她克服了怕羞的心理，变得外向化，也让她学会了如何应付各种各样的人，更培养了她过人的洞悉力。凭着这种洞悉力，在错综复杂的市场环境中，莉莲能很快找到准确的产品定位，使自己的公司在激烈的商业竞争中大获全胜，一举成为美国最大的邮购公司之一。

交际箴言

对于现代女性而言，我们身处一个需要合作的时代，更应该摒弃“物以类聚，人以群分”和“酒逢知己千杯少，话不投机半句多”的陈旧观念，应通过积极主动地和各种各样的人打交道，来不断完善自己的能力，并为将来的发展打下坚实基础。

玛格丽特·撒切尔：绽放独立自主的人格魅力

歌德曾经说过：“谁不能主宰自己，谁就永远是一个奴隶。”我们只有从小就具备独立自主的人格，才不会成为自身软弱的奴隶，也不会成为客观逆境的奴隶，更不会成为他人意志的奴隶，从而为自己奠定终生立足之本。

学会独立面对生活，自主面对社会，这其实是我们每一个人在成长过程中都必须面对的课程。当一个女孩

子从依赖走向独立的时候，她的处事态度往往会发生巨大的改变。

没有独立自主意识的女孩总是胆小怕事，一旦遇到什么困难，就会诚惶诚恐、惊惶失措，心中反复地问自己“我行吗”，总是在多方求助之后，才在他人的帮助下解决燃眉之急。

所以，我们必须从小就努力培养自己具备独立自主的人格，在人生的旅程中堂堂正正地做人，潇潇洒洒地做事，而不是低三下四地依赖人。只有这样，我们才有可能在未来的生活中有所作为，不被历史的潮流所淘汰。

玛格丽特·撒切尔，是一个出身平民的女子，却成为了英国历史上第一位女首相，而且连续三次当选。她在重大国际、国内问题上始终保持着思路清晰、观点鲜明、立场强硬、做事果断的作风，在相当长的一段时间里影响了整个英国乃至欧洲，被誉为政坛“铁娘子”。

然而，玛格丽特·撒切尔绝非政治天才，她的性格、气质、兴趣等都深受父亲的影响，她的人生之路的成就在很大程度上源于父亲从小就对她培养起来的独立自主的人格力量！

玛格丽特的父亲年轻时虽然只是一家小杂货店的店

主，但却拥有非凡的见识和卓越的才能。

玛格丽特5岁生日那天，父亲语重心长地对她说："孩子，你要记住——凡事要有自己的主见，用自己的大脑来判断事物的是非，千万不要盲目迎合他人。这是爸爸赠给你的人生箴言，也是爸爸送给你的最重要的生日礼物，它比那些漂亮衣服和玩具对你有用得多了！"

从此，父亲刻意把玛格丽特培养成为一个坚强独立的孩子，下定决心要塑造她"严谨、准确、注重细节、对正确与错误严格区分"的独立人格。

而玛格丽特在父亲的严格教导下，虽然一时之间未能完全理解其用心良苦之意，但已经逐渐地将独立自主的意识深植心中，并不断地付诸于自己的言行。

玛格丽特的家教是很严格的，从小母亲就教她正确熨烫衬衫的方法，还教她不损害刺绣的熨烫方法。从正确的洗衣方法到家庭理财，她学习了各种家务，小小年纪干起家务事来也井井有条。

父亲还经常安排她在店里做一些力所能及的事情，借此培养她的独立能力。有时分给玛格丽特的活是把袋装或箱装的茶、糖或饼干分装成一磅或两磅装的小袋；有时让她在杂货店站柜台。她干起活来从未感到厌烦，经常觉得很愉快，只要店里忙，她就会随时帮忙。

后来，随着年龄的增长，玛格丽特进入了学校，她这才惊讶地发现，她的同学有着比自己更为自由和丰富的生活，劳动、学习和礼拜之外的天地竟然如此广阔而多彩：可以与朋友一起在街上游玩；可以做游戏、骑自行车；还可以在星期天去春意盎然的山坡上野餐，一切都是那么诱人，那么令人愉快。

年幼的玛格丽特心里痒痒的，她幻想自己也能有机会和同学们自由自在地玩耍。一天，她终于鼓起勇气跟充满威严感的父亲说："爸爸，我也想去玩。"

父亲脸色一沉："你必须要有自己的主见！不能因为你的朋友在做某件事情，你就也得去做。你要自己决定你该怎么办，不要随波逐流。"

玛格丽特没有说话，父亲缓和了语气，继续劝导："孩子，不是爸爸限制你的自由。而是你应该要有自己的判断力，有自己的思想。现在是你学习知识的大好时光，如果你想和一般人一样沉迷于游乐，那样一定会一事无成。我相信你有自己的判断力，你自己做决定吧。"

听完父亲的话，玛格丽特再也不吱声了，父亲的一席话深深地印在了她的脑海里。她想：是啊，为什么我要学别人呢？我有很多自己的事要做呢，刚买回来的书我还没看完呢。

从父亲利用一切机会的教育里，玛格丽特逐渐明白，特立独行、与众不同最能显示一个人的个性，这不是负担而是财富，是值得赞赏的品格，而随波逐流只能使个性的光辉淹没在平庸之中。

在父亲的教诲下，玛格丽特独立自主的人格精神表现得更为鲜明。许多同学都对她这种突出个性不理解，但她对别人的议论也毫不在意，一直保持着独立自主、我行我素的品格特征。

父亲当市议员和高级参议员时经常会碰到一些棘手的问题，使他常在家中谈论或处理公务。玛格丽特虽然是个女孩，但在耳濡目染下也关心起政治，她对小镇上的一些事情都有自己的看法。

独立、自主、坚持己见的品质在玛格丽特的童年和少年时期就这样灌输进了她幼小的头脑，这不仅培养了她高度的自信心，还使她常常产生一种心理优越感。不管当时她的感受如何，但是在长大后的她看来，这种“固执己见”的确对她的事业和生活起到了非常好的作用。

她在政治上所面临的是一个从未曾被女人统治过的男人的世界，是一个女人必须在男人主宰的世界里学会生存的陌生领地，她必须在新的“不同的”环境中行事，而这时她骨子里的那种独立自主的精神便发挥了重要的主导作用。

她不管干什么事，从来都有自己的主见，不人云亦云，也不随大流，更不会因别人持有不同意见或得不到别人的支持而改变自己的信念。这一切最终奠定了她与众不同的政坛地位。

对任何人来说，独立自主都是生存的需要，他人的帮助只能是暂时的，特别是对于那些在很多人眼里是“弱者”的女人而言，当她们步入了社会后，更应该进一步地独立起来，拥有更多的自我意识。而不能永远躲在避风港里，甘做温室里的花朵。要学会自主，用自己的思想、智慧、勤劳来创造自己的幸福人生，成就自己伟大的未来！

交际箴言

具备独立自主精神的女人果断而沉着，凡事有主见，不会因为一点点小事而犹豫不决，不会屈从于他人的意见，而是把这些意见作为参考，然后凭借自己的判断去解决问题。

梅琳达·盖茨：美色不是卖点

当人们把注意力过多地集中在世界上最富有的人比尔·盖茨身上之时，他背后那个与他最亲密的人也慢慢地浮出了水面——他的夫人梅琳达·盖茨。

梅琳达不是一位叱咤风云的职业女性，她的表现更多展现出的是一位温柔贤惠的母亲、体贴入微的妻子；她没有传奇般的人生经历，直至嫁给了这个世界上最传奇的男人，她还依然保持着自己平凡的本色。就是这样一位充满神秘色彩的平凡女性，却用她的魅力与智慧感动着比尔和微软，甚至世界上每一个崇敬她的男人和女人！

梅琳达不是那种令人一见惊艳的美女，以至于她在进入微软之后的很长一段时间里，都没有男人对这只丑小鸭“蠢蠢欲动”过，直到她在勤奋工作下的业绩开始显现，这位长相平凡的女青年才开始浮出水面。

微软的福利待遇与员工生活补助虽然明显高于美国的平均水平，但是这里的工作却更具难度与挑战性，有时看上去很轻松，但其实任何一个人都不能让自己真正轻松下来。这里的多数人，尤其是中高层领导，都有一个共同的特点——工作没有严格的时间观念，随时都可以工作。

微软这种全力以赴的工作性质，不断锻炼着初涉职场的梅琳达，使她一步步走向成熟和稳重；繁重的工作，没有使梅琳达变得刻板，反而让她表现出女性特有的忍耐力，不断适应着工作，不断从工作中寻找着乐趣和价值，这使她成为了一个合格的微软人。

到微软工作半个月以后，梅琳达开始逐渐被委以重任，主要负责新产品营销方案的策划。这是一份具有挑战性的工作，新来的员工都愿意尝试这样的工作。

当时，正值微软的视窗第一版开发成功，并正在计划升级版视窗系统的开发。为了这个计划，梅琳达几乎跑遍了微软的所有部门。为了获得第一手市场资料，她曾到芝加哥、纽约等一些大城市走访调查，甚至还到过墨西哥、西欧等国；还经常参加美国举行的一些例行的 IT 营销行会。那时的她全然忘记了休息。

可以说，在微软开发多媒体产品的过程中，梅琳达功不可没。很多她负责的项目和产品，现在已经尽人皆知，如 Windows 和 MS-DOS 等。更值得一提的是，她曾经反馈过一条重要信息，修正了 Windows 的致命失误，避免了公司的重大损失。

梅琳达从此脱颖而出，并很快赢得了公司高层的赏识，委任她担任部门主管，手下有 100 多名员工，手中有可供调配的几百万美元资金。

虽然辛苦的工作有所回报，但实际上，在微软做主管很累——在同时协调好上百人的工作之时，还必须顾及到每一个员工的个性，这实在是件很令人感到头疼的事情。而当时的梅琳达也是生平第一次接触领导工作，她整天忙得不可开交，但她忙得非常高兴，因为她在一步步地实现着她的人生价值。

梅琳达勤奋的工作、骄人的业绩，渐渐地引起了盖茨的兴趣。

那时，从盖茨办公室的窗口就可以看见梅琳达的办公室，许多时候，爱加班的盖茨和爱加班的梅琳达的窗口会同时亮着灯。久而久之，梅琳达窗口那盏常见的绿色台灯柔和的光芒，竟在不经意间搅动了一个 40 岁男人心底的情愫，盖茨想认识台灯下的女主人。

终于有一天，大人物比尔·盖茨来到了小职员梅琳达的办公室，他对相貌平平、身材一般的梅琳达说："请你永远为我点亮这盏灯！"

从此，两人开始正式交往，而办公室就是他们最常约会的地方。

众多世界一级的美女惊讶万分——她们曾如苍蝇逐蛋般地苦苦追求的世界首富，竟然爱上了一个毫不起眼的大龄丫头！

是的，不光是那些美女们不懂，就连梅琳达的闺中密友也不懂："瞧你，要脸蛋儿没脸蛋儿，要身材没身材，世界首富咋就相中你了呢？求求你，传点秘诀吧！"

梅琳达笑了："在真正的爱情面前，美色绝不是最好的卖点，它顶多能做一块敲门砖而已。所以，如果一个女人不幸地没有美色，那么，她就必须有内秀！内秀一样能让女人出众，并让男人着迷。"

从某种意义上说，当你的美色不具备打败男人的力量时，你的勤奋一定要及时地体现出来。

交际箴言

努力和勤奋让女孩更美丽！人生是辛苦的，只要你一步一步朝着想走的方向，没有不可能的。

黛安娜：同情心是女人的撒手锏

即使你的身躯娇弱，即使你手无寸铁，一旦你拥有和播撒同情心，你的形象就会光彩照人，你的力量就会征服一切。

英国的黛安娜王妃就是这样一位用同情心征服世界的女人。

她经常带孩子们到普通人中间去，让他们了解民间疾苦，培养他们的爱心。她还多次带他们去无家可归者聚集的旅馆访问，去医院探访艾滋病患者和其他伤病员，要他们学会关心人、爱护人。

她把更多的精力投入到了慈善事业中。在她的一生中，她共参与了150个慈善项目，并且是超过20个慈善机构的赞助人或主席。她曾表示，希望自己成为英国人心目中的“爱心皇后”，这不仅为她赢得了英国民众的爱戴，也让她得到了国际社会的认同，“公益大使”、“爱心大使”、“国际和平大使”等头衔纷纷戴在了她的头上。

黛安娜这种对公益慈善事业的热心，绝对不是贵族名人例行的表演。对她来说，乐于助人是天性。早在少女时代，她对老人、儿童的善心就已有口皆碑，她还因为对学校和社区服务的突出贡献，被学校授予了克莱克·劳伦斯小姐奖。

类似这样的爱心举动，即使在黛安娜成为王妃之后，也始终不曾放弃。每年，黛安娜都要参加200多项官方活动。她真诚地去关爱那些常人也不愿接近的乞丐、病人、残疾人，并且尽量长时间地与他们交谈；她为那些无家可归者详细地抄写救济院的名称和地址，给他们一些可能实在的帮助：她在津巴布韦为难民分发食品，在萨拉热窝访问战争致残的儿童。

黛安娜像是一位落入凡间的爱心天使，虽然顶着一座尊贵无比的英国王妃桂冠，但是，她却永远是那么平易近人，为人喜爱。她以她独特的身份和影响力，致力于改善那些处在水深火热之中的人民的命运。她每到一地，都会引起世人对这一地区存在问题的关注。

黛安娜是第一个站出来向全世界发出同情艾滋病人的国际名人。

1991 年 7 月的一天，当时的美国总统夫人芭芭拉·布什与黛安娜一同探访一家医院的艾滋病病房。在与一位病得已经起不来的患者聊天时，黛安娜给了他一个大大的拥抱，患者禁不住流下热泪，总统夫人和其他在场的人都被深深地打动。

黛安娜说过，艾滋病患者更需要温暖的拥抱，她身体力行，实践了自己的诺言。

在 1991 年长达 5 个月的时间里，她一直静悄悄不为人知地帮忙照顾艾滋病患者艾瑞·杰克逊。艾瑞精力充沛，极富魅力，是英国芭蕾、歌剧等艺术领域的杰出人物。20 世纪 80 年代中期，他被诊断为 HIV 阳性。

1987 年 4 月，艾瑞病情恶化，整日蜗居于自己的公寓中，女友安吉拉随侍在侧。那时起，黛安娜就常常前来探望，与安吉拉携手照顾她们共同的朋友。

黛安娜总是给艾瑞带来一束鲜花或诸如此类的小礼物，娓娓说起她今天又做了些什么。艾瑞当然能够感觉到，黛安娜绝非蜻蜓点水似的走过场，她带来的欢笑、理解和深深的关怀是那样的真真切切，感人肺腑。

安吉拉眼中的黛安娜，“美丽得远远超出美丽的简单定义，虽然自身生活不幸福的阴影萦绕着她，但她丰富的内心世界迸射出夺目的光芒。”

“她绝不是一个华而不实、散发着香味的装饰品。有她在，气氛总是那么快乐，一种理解痛苦的快乐。”一个亲眼目睹黛安娜陪伴在即将辞世的艾瑞身旁直至其去世的护士这么评价她。确实，因为懂得，所以爱！

在黛安娜生命中的最后几年，她开始成为一名反地雷机构的最出名的支持者，她参加了许多重大的、值得纪念的清理地雷现场的活动。

1997 年 1 月，她参加了红十字会组织的非洲安哥拉之旅，亲自踏进地雷区视察，冒险探访了被地雷炸断脚的伤者、伤残人士组织和康复专家。以往黛安娜出访，都会有大批随从，可是，这一次她却只带了两名保镖。

8 月，她又出访了波斯尼亚。虽然波斯尼亚的内战已经结束，但那里仍有不少潜在的危险。当黛安娜身着防护服走在插有骷髅标记的地雷区旁的小路上时，人们为之动容。

在她的感召下，安哥拉及波斯尼亚等战乱地区的人民因误触地雷而导致伤残的新闻，从此跃上国际新闻媒体，世界大多数国家都签署了关于禁用地雷的国际协议。

黛安娜对慈善事业的热情和对民众疾苦的深切关怀，使她赢得了“和平王妃”的尊称。英国首相布莱尔更是称黛安娜是“人民的王妃”。布莱尔说，黛安娜的个人生活经常遭遇到麻烦和苦恼，然而她给社会中那些需要帮助的人们带来的却是欢乐和安慰。

交际箴言

作为女人，你大可不必为自己拙于言辞、不谙世事苦恼，只要你拥有一颗同情心，你就有了说话办事的“撒手锏”，这也是一把征服世界的“撒手锏。”